大事记

中华人民共和国成立**70**周年
工程建设行业发展纪实

中国施工企业管理协会◎编

中国市场出版社
China Market Press
·北京·

图书在版编目(CIP)数据

大事记：中华人民共和国成立 70 周年工程建设行业
发展纪实／中国施工企业管理协会编. 一北京：中国
市场出版社，2019. 10

ISBN 978－7－5092－1888－4

Ⅰ. ①大… Ⅱ. ①中… Ⅲ. ①建筑业–概况–中国
Ⅳ. ①F426. 9

中国版本图书馆 CIP 数据核字（2019）第 229383 号

大事记
——中华人民共和国成立 70 周年工程建设行业发展纪实
DASHI JI
——ZHONGHUA RENMIN GONGHEGUO CHENGLI QISHI－ZHOUNIAN GONGCHENG JIANSHE
HANGYE FAZHAN JISHI

编　　写：中国施工企业管理协会

责任编辑：宋　涛（zhixuanjingpin@163. com）

出版发行：中国市场出版社

社　　址：北京市西城区月坛北小街 2 号院 3 号楼 （100837）

电　　话：(010) 68034118/68021338/68022950/68020336

经　　销：新华书店

印　　刷：河北鑫兆源印刷有限公司

开　　本：170mm×240mm　　1/16

印　　张：13. 5　　　　　字　　数：150 千字

版　　次：2019 年 10 月第 1 版　　印　　次：2019 年 10 月第 1 次印刷

书　　号：ISBN 978－7－5092－1888－4

定　　价：88. 00 元

编委会

主　　编　尚润涛

副 主 编　孙晓波　马玉宝　王武民　张长春

执行主编　刘军军

编写人员　（按姓氏笔画排序）

　　　　　王建伟　方宏伟　方美惠　冯　雷　迈嘉兴　伏　睿

　　　　　刘　杨　刘成军　孙世杰　孙立刚　孙花玲　孙维振

　　　　　李小和　李广远　李生光　肖华文　吴朝昀　吴静寒

　　　　　余　乐　陈　翔　范亚琪　岳爱敏　周予启　查　进

　　　　　饶平江　柴海楼　董文斌　鲍明文

为展示中华人民共和国成立 70 年以来，工程建设行业的光辉历程，我们编写了《大事记——中华人民共和国成立 70 周年工程建设行业发展纪实》，分发展回顾、辉煌成就、经验启迪及大事年表 4 个章节，对工程建设行业发展的重大事项进行系统梳理，为读者的学习研究提供借鉴。本书编写过程中参阅了大量的文献资料，限于篇幅未能一一注明，在此谨对文献作者表示衷心感谢。

本书编写组

2019 年 9 月 25 日

第一章

发展回顾 / 001

一、奠定基础（1949—1957）/ 003

二、曲折发展（1958—1977）/ 007

三、快速发展（1978—2011）/ 016

四、高质量发展（2012 年至今）/ 032

第二章

辉煌成就 / 039

一、基础设施建设构建新格局 / 041

二、重大工程建设举世瞩目 / 048

三、科技创新水平整体提升 / 062

四、国际市场成绩突出 / 066

五、社会发展贡献显著 / 069

第三章

经验启迪 / 073

第四章

大事年表 / 081

一九四九年 / 083

一九五〇年 / 083

一九五一年 / 084

一九五二年 / 086

一九五三年 / 088

一九五四年 / 090

一九五五年 / 092

一九五六年 / 093

一九五七年 / 094

一九五八年 / 095

一九五九年 / 097

一九六〇年 / 099

一九六一年 / 100

一九六二年 / 102

一九六三年 / 103

一九六四年 / 104

一九六五年 / 106

一九六六年 / 108

一九六七年 / 109

一九六八年 / 109

一九六九年 / 110

一九七〇年 / 110

一九七二年 / 111

一九七三年 / 112

一九七四年 / 113

一九七五年 / 114

一九七六年 / 114　　　　一九九八年 / 164

一九七七年 / 115　　　　一九九九年 / 166

一九七八年 / 116　　　　二〇〇〇年 / 169

一九七九年 / 119　　　　二〇〇一年 / 171

一九八〇年 / 120　　　　二〇〇二年 / 174

一九八一年 / 123　　　　二〇〇三年 / 175

一九八二年 / 125　　　　二〇〇四年 / 176

一九八三年 / 127　　　　二〇〇五年 / 178

一九八四年 / 132　　　　二〇〇六年 / 179

一九八五年 / 137　　　　二〇〇七年 / 182

一九八六年 / 139　　　　二〇〇八年 / 184

一九八七年 / 143　　　　二〇〇九年 / 187

一九八八年 / 143　　　　二〇一〇年 / 189

一九八九年 / 144　　　　二〇一一年 / 190

一九九〇年 / 147　　　　二〇一二年 / 193

一九九一年 / 150　　　　二〇一三年 / 196

一九九二年 / 152　　　　二〇一四年 / 197

一九九三年 / 154　　　　二〇一五年 / 199

一九九四年 / 156　　　　二〇一六年 / 201

一九九五年 / 158　　　　二〇一七年 / 203

一九九六年 / 160　　　　二〇一八年 / 205

一九九七年 / 162　　　　二〇一九年 / 206

第一章
发展回顾

　　1949 年 10 月 1 日，中华人民共和国中央人民政府宣告成立，中华民族进入了社会主义建设新时代，为当代中国一切发展进步奠定了根本政治基础和制度基础。新中国成立后，工程建设行业发生了划时代的变化，取得了巨大成就，其发展节律与新中国的发展节律一致，发展历程可归纳为四个阶段，是新中国伟大崛起画卷中一个浓墨重彩的动人篇章。

一、奠定基础（1949—1957）

旧中国的建筑业，基础贫弱，发展缓慢，营造水平很低，尚未形成独立的行业。抗日战争爆发前夕，建筑业创造的国民收入占当时国民收入总额的 1.1%。到 1949 年全国解放时，有组织的建筑职工还不到 20 万人，为各行各业从业人数的 2.5%；勘察设计人员寥寥无几，而且主要分布在沿海的大城市；建筑科学研究基本上属于空白。

新中国成立之初，国家百废待兴。1950 年 6 月 25 日，朝鲜战争爆发，党和政府在国内、外严峻的局势下，通过三年经济恢复工作，提出建设社会主义的总路线和第一个五年（1953—1957）计划。

设立行业主管部门。一是制定基本建设法规。1952 年 1 月 9 日，中央财政经济委员会（简称中财委）主任陈云，以命令形式颁发《基本建设工作暂行办法》。这一立法性文件，详细规定了基本建设程序，在很长时间内发挥了重要作用。二是设立建筑工程部。为了加强建筑业管理，迎接有计划的经济建设，根据中央人民政府决定，于1952年8月以中财委总建筑处为基础，组成了建筑工程部，并明确提出：建筑工程部的基本任务应当是工业建设；建筑力量的使用方向，应当首先保证工业建设，其次才是一般建筑；要求在国家集中统一的计划指导下，各级党委共同努力建设一支具有良好政治素质与技术高超的工业建筑队伍，并逐步使之机械化。从此，我国有了一个统一的主管建筑行业的政府部门。

进行社会主义改造。建筑业是解放之初发展较快，也是进行社会主义改造最早的一个行业。1951年，在各级党委领导下，各地建筑企业陆续开展了反对封建把头、反对贪污浪费和投机倒把的活动，公开处理了一批要案要犯。1951年12月1日，中共中央发出《关于实行精兵简政、增产节约，反对贪污、反对浪费和反对官僚主义的决定》，1952年1月26日毛泽东主席为中共中央起草的《关于在城市中限期展开大规模的坚决彻底的"五反"斗争的指示》正式发布之后，在全国范围内开展了"反贪污、反浪费、反官僚主义"和"反行贿、反偷税漏税、反盗骗国家财产、反偷工减料、反盗窃国家经济情报"的"三反""五反"斗争。建筑行业的斗争进一步推向深入，各地建筑部门揭露出一批投机厂商和贪污盗窃分子。据东北地区重点调查揭露：他们的贪污盗窃手法是：1. 透露计划，预告私商；2. 多估工料，抬高预算；3. 泄露标底，"保证"承包；4. 签订合同，放松条件；5. 盗窃材料，吞食工资；6. 以旧换新，以少换多；7. 利用名义，套购物资；8. 监工马虎，胡乱验收；9. 以公济私，糊弄合同。

形成基本建设力量。随着国民经济的恢复，建设规模日益扩大，基本建设方面浪费现象突出，建设力量不能够适应建设事业的发展，国家决定建立国营建筑公司，集聚设计和施工队伍，奠定新中国建筑事业的基础。一是对私营营造业进行社会主义改造，组建国营建筑企业和集体建筑合作社；二是中央冶金、煤炭、电力、交通、铁道等工业交通部门和各主要城市组建国营施工企业；三是1952年，将原属西北、西南、华东、中南4个军区和二十三兵团的8个师转为建筑工程师，确定番号为第一至第八工程师，8万军工集团转为建筑业。到1957年年底，全国国营建筑企业总数增加到649个，职工总数增加到223.7万人。

扩大基本建设规模。新中国成立之初，建筑业基本建设规模较小，建筑活动多为改善劳动人民生活条件急需的住宅、医院等民用项目，以及政权建设所需的政府和军用建筑。为了迅速改变落后面貌，国家逐渐把有限的资金重点投入到基础产业和基础设施建设中去，开展了以"156项工程"为中心的大规模工业建设，为我国基础工业体系的形成奠定了重要基础。

借鉴苏联建筑经验。根据政治形势和经济建设的需要，我国把学习苏联经验作为一项任务，通过"请进来"指导和"走出去"考察相结合的方式，建立我国工程建设的管理体制。我国建筑企业的组织形式、各种规章制度、技术经济法规等，基本上是仿照前苏联的模式建立起来的。前苏联在设计、施工、科研、教育等方面的规章制度和政策措施，对我国建筑业管理体系、科学技术体系的形成和发展，产生过重要影响。

提出建筑工业化。随着建设事业的发展，单靠传统的手工生产方式，已不再适应国家建设的要求。建筑工程部于1954年8月对建立生产基地问题作出了具体安排，1955年2月又明确提出："变建筑企业的手工操作过程为现场安装预制结构和配件的生产过程，使建筑业变为现代的特殊的工业生产部门"；1956年5月，国务院作出《关于加强和发展建筑工业的决定》，指出："为了从根本上改善我国的建筑工业，必须逐步完成向建筑工业化的过渡"，确定了建筑工业化作为我国建筑业的发展方向。在技术政策上，建筑工程部明确提出：发展装配式结构，逐步实行工业化施工，是建筑业的发展方向。同时提出，实行工厂化、机械化施工，必须结合中国实际情况，针对不同建设地区、不同工程对象、不同公司等具体条件，区别对待，灵活运用，不能生搬硬套。

这一时期，国民经济大发展，大规模建设在全国展开，工程建设行业在完成总体布局的基础上快速扩张，进入了一个新的建设时期。工程建设行业的基本家底和管理体制也在这一时期基本形成，为今后新中国工程建设行业的长期发展奠定了基础。

二、曲折发展（1958—1977）

1958—1978 年的 20 年是实行计划经济体制的时期，是中国共产党带着社会主义改造胜利和"一五"计划成功的喜悦开始，经历了三年"大跃进"、五年国民经济调整和十年"文化大革命"，最后带着对"文化大革命"痛苦反思、对计划经济体制的困惑而结束。

（一）"大跃进"时期

1958 年初的"反浪费""反保守"运动的开展和"总路线"的通过，揭开了全国"大跃进"的序幕。以高指标、瞎指挥、浮夸风和"共产风"为主要标志的"大跃进"运动在全国展开。

建筑界在"双反"的基础上，开展了以"快速设计"和"快速施工"为中心的"双革"（"技术革新""技术革命"）运动。并应"人民公社化"的需要，开展了一些农村规划、建筑设计活动。广大建筑工作者，在这一特殊历史条件下，进行了忘我的劳动，取得了一定的成绩。

国庆十周年献礼工程。为迎接1959年国庆十周年的国庆工程的设计建造。人民大会堂、北京火车站等，这些规模宏大、功能复杂、技术要求很高的建筑物，从确定任务到竣工使用，仅仅用了短短一个寒暑，这本身就是一个伟大的成就。在解放思想、繁荣创作和新风格的探索方面，也是一次可贵的尝试。自1958年下半年开始，为迎接国庆十周年庆典，在北京兴建了"十大建筑"。来自全国的建筑设计师、工程技术人员和10万建设大军，投入到工程建设中。但是，由于在许多方面缺乏科学性，加上施工的粗放，工程质量普遍下降，1959年底的杭州会议，对此加以批评纠正。北京"十大建筑"有：人民大会堂、中国革命历史博物馆、中国人民革命军事博物馆、民族文化宫、民族饭店、北京火车站、工人体育场、全国农业展览馆、钓鱼台国宾馆和华侨大厦。

形成改良工具热潮。在 50 年代末期，建筑业曾出现声势浩大的改良工具热潮。在北京、上海、河北、山东、江苏、吉林等 23 个省、市、自治区的重点建设工地上，先后放下扁担和杠棒，消灭了肩挑人抬，用上了手推车、滑轮等机具。对这一历史性的进步，党中央给予了充分肯定，指出："在建筑工程中开展技术革新运动的方向是正确的，可供各行各业试验推行"。建筑工程部曾把群众创造的各种机具在全行业推广。最后总结出建筑业技术革新的目标是：实行机械化半机械化与改良工具相结合，逐步提高机械化水平；实行工厂化半工厂化与现场预制相结合，逐步提高预制装配程度。

违反施工规律"典型"。1958 年，在"以快速施工为纲"的口号下，"高指标、浮夸风"愈演愈烈。一是片面求快，争放"卫星"。比如北京 8 天建成 1700 平方米的四层楼房，上海 3 天建成 1700 平方米的厂房，兰州 10 小时建成 570 平方米的厂房……，被视为"革命创举"加以宣传。二是在批"条件论"的借口下，无限夸大革命意志的作用。比如哈尔滨从建成"四不用"新技术大楼（不用钢筋、木材、水泥和黏土砖），发展到"十轻""十不用"大楼，几乎不用常规建筑材料就能盖起大楼，同时还宣传劳动不计报酬。"大跃进"使国民经济主要比例失调，基本建设战线过长，整个国民经济受到严重挫折，对工程建设行业最直接的危害是安全隐患、质量低劣。1958年，11月13日，杭州半山钢铁厂合金钢车间正在进行施工中，七榀屋架突然倒塌，造成死亡18人、致伤19人的重大事故，其原因是设计错误和施工质量低劣。

1959年5月18日至6月4日中国建筑学会在上海召开了"住宅标准和建筑艺术问题座谈会"，与会代表就"建筑艺术"问题，进行了热烈讨论，各抒己见，畅所欲言。此举使广大建筑工作者深受鼓舞。时任建筑工程部部长刘秀峰在会上作了《创造中国的社会主义的建筑新风格》的学术报告。报告就诸多问题，给彷徨中的建筑工作者以启示，并开创了民主学术研究的先例。

这个时期"左"的错误影响对建筑业的冲击，特别需要提到的有三件事：一是1958年把全行业大量推行的计件工资制作为物质刺激加以否定；二是1959年取消建筑企业的法定利润，一直延续到1980年；三是废除承发包制，取消工地甲乙方。这些违背价值规律的政策措施，给建筑业的发展带来了严重危害，使生产大幅度下降。

（二）经济调整时期

1958年"大跃进"和1959年"反右倾"的错误、自

然灾害的影响以及苏联片面撕毁合同、撤退专家，使国民
经济发生了严重的困难。

大幅压缩建设规模。1960年冬，中共中央决定对国民
经济实行"调整、巩固、充实、提高"的八字方针：加强
农业战线；压缩基本建设战线；对工业企业实行关停并转，
精简职工；消灭财政赤字，稳定市场。由于对困难的严重
性认识不足，初期调整不力。基本建设投资由1960年的
388.7亿元，锐减到1961年的127.4亿元、1962年又减到
71.3亿元。1961—1962年，全国建筑业企业精简职工，从
557.3万人精简到193.3万人，减少364万人。广大建筑
者，面对上述困难，信赖中央政策，艰苦奋斗，表现出高
度的革命精神。

建工系统全面调整。1962年，建筑业开始总结"大跃
进"经验教训，进行全面调整。一是对这一时期新建的工
程进行了全面质量大检查，纠正"实行政治挂帅，大搞群
众运动、大搞快速施工、大搞技术革命、大搞多种经营、
大搞共产主义协作"所造成的一系列失误，发现隐患及时
补救。二是重新调整了力量部署，将建筑工程部直属企业
重新组建为八个工程局，参与内地建设。三是提出了恢复
承发包制、包工包料和设计预算定额管理体制的方案，收
回了建筑安装工程劳动定额管理权，并在1962年进行了修

订；颁发了设计工作条例、建筑安装企业工作条例、经济核算和财务管理规定等一系列规章制度；在建筑企业中建立了以经理为首的生产行政指挥系统，设立了总工程师、总会计师和试行职工代表大会制等，进一步完善了企业内部的领导体制。

开展"设计革命"运动。1964年12月14日《人民日报》开展了"用革命精神改进设计工作"的大讨论，提出了开展群众性的设计革命运动的口号。1965年3月16日至4月4日，全国设计工作会议在北京召开，会议提出了设计革命的任务：首先，要在设计工作中坚持政治挂帅的原则；其次，树立深入实际、联系群众的革命化作风；第三，改革不合理的规章制度；第四，要做好整顿设计队伍和提拔新生力量这两项工作；第五，健全设计工作的领导机构，加强对设计工作的领导，促进设计部门领导干部革命化。设计革命运动提倡设计人员"下楼出院"，到现场去，到人民群众中去，进行调查研究和现场设计。本意是：打破苏联的框框，反对"洋奴哲学""爬行主义"，并清除资产阶级个人主义和"本本主义"。但运动开始不久就由一场设计思想、技术革命转为一场政治运动，技术问题和学术问题都作为政治问题对待。当时批判了一些正面的做法，甚至走向反面。主要表现在：一是片面强调节约，排斥建筑艺术。把讲究建筑艺术作为错误倾向、作为歪风来批判，造成严重后果。二是批判"个人主义"。严重挫伤建筑师的创造热情。三是一味追求"下楼出院"，一些设计院造成人去楼空，全部工作搬到现场，严重影响设计工作的正常进行。

经过十余年的建设实践和对历史经验的总结，我国建筑业的勘察设计与施工能力，基本上能够适应建设事业的发展需要。有些重要工程的设计、施工水平，接近了工业发达的国家。

（三）"文化大革命"时期

行业指导基本停顿。1966 年开始了十年动乱。从 1967 年 12 月起，各部直属建筑企业的"抓革命、促生产"工作一律交给地方管理。撤销了"一委三部"，即国家建委和建筑工程部、建筑材料工业部、中央基建政治部，重新组建国家基本建设委员会。机关 92.2% 的工作人员到"五七"干校劳动或调出，只留下少数人坚持工作。建筑施工、勘察设计、科学研究、大专院校和中等专业学校等企业事业单位，大部分下放给地方领导或解散。各部原有直属企业建筑职工 180 万人，下放了 100 万人；建筑工程部原有38.2 万人，下放 29.1 万人。建筑业在调整时期建立起来的一整套制度、办法，统统被当作"管、卡、压"进行批判，企业管理陷入瘫痪，使建筑业经过调整所取得的积极成果化为泡影。

建筑业发展受到迫害。十年动乱期间，我国经济建设遭到新中国成立以来最严重的挫折，建筑业的发展也受到巨大破坏。经济工作中的"左"的错误，在调整时期有些就未得到彻底纠正，"文革"开始又泛滥起来。"文化大革命"的十年，建设战线上的知识分子，不但作为思想改造的对象，而且许多单位被拆散、撤销、下放，珍贵的技术资料、档案大量被破坏。建筑工作者，尤其是老专家，普遍受到迫害，建筑队伍受到严重摧残。

取消施工取费制度。从1967年1月1日起至1973年3月底止，实行了经常费制度，即按照大体相同的标准由国家直接给施工队伍发工资和管理费，用超经济手段取代了经济管理，造成企业管理和施工生产的极度混乱。1973年到1976年建工系统企业亏损面达到50%，吃国家财政补贴4.4亿元。建筑业的劳动生产率大幅度下降。

投入战略后方建设。为了对付帝国主义可能发动的侵略战争，中央作出了建设战略后方的决定。根据这个决定，全国共有380个项目、14.5万工业职工和38000台设备从沿海迁往内地。从这时起到1972年，国家把50%的投资、40%的勘察设计力量和150万建筑施工力量用于内地建设，建成几百个大中型骨干工业项目和数目众多的小型工业项目。

施工队伍改编工程兵。1966年2月，国家建委提出对全国300万人的施工队伍（集体所有制建筑企业除外），要分期分批进行整顿和整编，进行军事化试点，之后冶金、建工、煤炭、水电各部一部分直属建筑队伍改编为基本建设工程兵，开始由各部自管。1978年成立兵种机关，并入中国人民解放军序列。这支队伍根据"劳武结合、能工能战、以工为主"的方针，大部分参加了内地建设。许多偏僻地区、条件艰苦的工程就是由他们完成的。

援助第三世界建设。随着我国对外关系的发展，对外经济技术援助由60年代30多个国家，扩大到70年代的70多个国家。建设工程涉及轻工、纺织、农业、食品、机械、建材等十几个行业，包括车站、码头、厂房、文化宫、体育馆、办公楼、住宅、医院、学校以及城市基础设施等。有些高级建筑工程，如斯里兰卡的国际会议大厦、苏丹的友谊厅、扎伊尔的人民宫等，以其壮观的造型和优良的质量，为世人所瞩目。我国援建人员遵循党和政府的一贯方针，把这种援助视为相互的和应尽的义务。他们严肃认真的工作态度、精湛的技艺、勤劳的作风和简朴的生活受到友好国家的高度赞扬。

总体来讲，我国国民经济和社会发展一度受到挫折，建筑业也受到一定影响。但是，在中国共产党的坚强领导下，广大建设者克服重重困难，排除各种干扰，发扬奋发向上的拼搏精神，仍然取得了很大成绩。我国建筑业在发展综合生产能力、加强设计施工管理、提高建筑技术水平等方面，取得了长足进步，积累了一定经验。

三、快速发展（1978—2011）

1978年，中国共产党召开具有重大历史意义的十一届三中全会，作出了把党和国家的工作重点转移到社会主义现代化建设上来和实行改革开放的战略决策，确立社会主义初级阶段基本路线，提出了"计划经济为主、市场调节为辅"的理论和政策，吹响走自己的路、建设中国特色社会主义的时代号角，建筑业迎来了春天，逐步走上健康发展的道路。

"四化"建设需要建筑业支撑。中国国民经济和社会发展的战略目标，为建筑业的发展提供了最好的时机。一是重点建设任务繁重。为实现四个现代化目标，国家需要陆续兴建一批能源、交通骨干项目，原材料工业和科研、文教设施，更新改造项目越来越多。二是城镇住宅大量建造。由于过去对住宅建设投资过少，住房紧张状况严重，据1976年统计，全国城市人均居住面积仅为3.6平方米。为了改善群众的居住条件，以满足群众日益增长的住房要求，必须兴建大量住宅。三是农房和小城镇建设来势迅猛。随着农村经济好转和农民生活水平的富裕，出现了"家家备料，村村动工"的建房热潮。农村的公共福利设施，如幼儿园、敬老院、卫生院、中小学、文化站、影剧院等大量兴建。有些地区农民富裕之后，集资建设城镇，也显示了亿万农民蕴藏着巨大的投资潜力和建设热情。四是特区的建立和沿海城市的开放，历史文化名城的建设和旅游事业的发展，不仅使工业与民用建筑的建造量大，而且要求工期快、质量好、技术先进、装修水平高。

邓小平同志发表建筑和住宅问题的谈话。在中共十一届三中全会前后，邓小平总结国内外的历史发展经验，把建筑业的发展问题放到了重要位置。1978年9月，邓小平视察新唐山的规划与建设时指出：房子周围都可以搞绿化，规划的商业网点少了，电影院不多。现代化的城市要很干净、整齐，节省土地。建设新唐山，市区、工厂都要规划好，要合理布局，整齐干净，解决好污染问题。建筑要美化一点，不要千篇一律。1979年8月29日，邓小平视察北京西郊紫竹院框架轻板试验性建筑时谈道：国家要采取措施支持新型建筑工业，使它有一个较大较好的发展，要多请一些内行人挑毛病，把用新型轻质建筑材料建造的房屋质量搞得好上加好。1980 年 4 月 2 日，邓小平同志指出："从多数资本主义国家看，建筑业是国民经济的三大支柱之一，这不是没有道理的。应该看到，建筑业是可以赚钱的，是可以为国家增加收入、增加积累的一个重要产业部门"。这段谈话为建筑业的改革和发展指明了方向，重新确立了建筑业的产业地位，是中国建筑业发展的一个重要里程碑。

成立中国建筑工程总公司。1982 年，国家机关机构改革时，按照政企分开的原则，将原国家建工总局直属的第一至第六工程局，东北、西北、西南建筑设计院，西南综合勘察院，以及设备配件出口公司、天津材料配件公司，与专司对外承包业务的中国建筑工程公司合并，组成国内外一体化经营的全国性的大型建筑联合企业，定名为"中国建筑工程总公司"，于 1982 年 6 月 11 日正式宣告成立。1983 年 9 月，经国务院、中央军委决定，将原基建工程兵第 21、22 支队集体转业划归中建总公司建制，组成第七、第八工程局。归属于中建总公司的建筑勘察、设计、施工单位大都成立于 50 年代初期，早在原建工部时期就是部直属队伍，是以承担国家重点建设任务为主的建筑野战军，有着数十年的光辉历史，在国家经济建设中建有丰功伟绩，被誉为"南征北战的铁军，重点建设的先锋"。

确立建筑业在国民经济中的地位。建筑业从来就是物质生产部门之一，但在过去相当长的时期内，却把它作为单纯提供劳务的基本建设的附庸。中共十一届三中全会之后，逐步改变了这一旧的观念，并在经济立法中予以规定。经国务院批准，从1984年开始采用"国民收入"指标作为衡量经济发展的综合指标之一，以农业、工业、建筑业、交通运输业、商业这5个物质生产部门的净产值之和作为国民收入。这一决定确认建筑业同农业、工业一样是直接生产物质产品的重要产业部门，扭转了部分经济工作者认为建筑业不创造价值、建筑业的利润是"资金空转论"的错误观念。1984年12月1日，国家计委、国家经委、国家统计局、国家标准局批准，作为标准颁布《国民经济行业分类和代码》，国民经济划分为13个门类，建筑业序列于农业、工业、地质普查和勘探业之后，为第四门类，它包括土木工程建筑业，线路、管道和设备安装业，勘察设计业三个大类。明确规定，在计划、统计、财务会计、工商管理等项目工作中，要按照这个标准的规定，处理行业分类资料，进行有关的分析研究工作。

扩大建筑企业自主权。为了发挥建筑企业经营管理的自主权和灵活性，1979年10月国家建工总局提出了扩大建筑企业自主权的初步方案，1980年4月中央财经领导小组原则通过，1980年5月由国家建委、计委、财政部、劳动总局、物资总局联合下达。从当年起恢复国营建筑企业2.5%的法定利润；地方国营建筑企业按预算成本3%收取技术装备费，专款专用；实行降低成本留成。这次调整经济政策虽是初步的，但对纠正经济领域"左"的错误，改变吃"大锅饭"的状况，产生了积极意义。同年发布建筑安装工程包工合同条例，建筑企业与建设单位恢复了承发包制度，对工程预结算办法也作了改进。

基本建设管理体制改革讨论。1984年7月3日，国务院常务会议就建筑业和基本建设管理体制改革的问题进行了讨论，提出一些意见。一是全民所有制的建筑业，从设计到施工保留一支技术水平高、战斗力强的骨干队伍是必要的，同时应当允许集体和个人兴办建筑业。在建筑业的改革中，把设计这一环搞活，对采用先进技术、降低工程造价、缩短建设周期，关系甚大。二是实行投资包干和招标承包后，在物资供应上，要防止一般挤了重点。对国家重点建设项目所需要的材料、设备，要优先保证，必要时可以采取经济手段或行政干预。三是各部门的基本建设投资，一律改财政拨款为银行贷款。国家计划规定的投资总额的计算不加利息，具体建设项目的投资要加利息。但是根据项目的不同情况和价格是否合理，还款条件也可以有所不同。

推行工程承包经营责任制。1986年年底，国务院下发《关于深化企业改革增强企业活力的若干规定》，在全国范围推行企业承包经营责任制，同时也推行了租赁制、资产经营责任制、股份制等多种经营形式（企业制度）。1987年，建筑业开始推行"鲁布革"工程管理经验，以"管理层与劳务层分离"为标志，以"项目法施工"为突破口，推动了我国建筑业生产方式变革和建设工程管理体制的深层次改革。与此同时，建筑市场价格体制改革出台允许价格浮动和禁止封锁建筑市场等政策。这一阶段的承包制等改革，在思想上较易为各方面接受，"市场"已在建筑业经济活动中占有相当的比重，一定程度上激发了企业的活力。但此阶段的改革仍然是一种过渡性的改革，在总体上没有真正突破计划经济与商品经济的对立，需要有新的制度设计和改革。

建立现代企业制度。中国于2001年12月正式加入世界贸易组织（WTO），标志着中国的产业对外开放进入了一个全新的阶段，这对国内建筑市场和建筑业企业，对我国建筑业进入国际建筑市场产生了深远影响。我国建筑业按照

"立足科学发展，着力自主创新，完善体制机制，促进社会和谐"的总体要求，努力推进结构调整和产业升级，产值规模不断扩大，支柱地位日益凸显。现代企业制度建设、结构调整取得明显进展，大中型企业以股权多元化、中小型企业以民营化为特征的产权制度改革已全面展开。改制过程中，一些民营企业参股、控股、完全收购国有企业，彻底改变了原有国有企业的体制和机制。产业结构进一步优化，集中度不断提高，综合承包、施工总承包、专业化承包、劳务分包的企业组织结构逐步形成，各类企业之间的市场化联系纽带基本形成。

大型建筑业企业以股权多元化、中小型建筑业企业以民营化为特征的产权制度改革已经全面展开。大企业注重加强企业内部组织结构重组，缩短管理链条，有效减低了管理成本，提高了运作效率。中央企业集团的下属子公司、控股公司的产权制度改革基本完成，绝大部分地区中小型企业完成了改制。建筑业企业内部管理逐步科学化，企业运行机制有了明显改善。

构建工程建设法律体系。1997年11月1日颁布的《中华人民共和国建筑法》，是新中国建立以来第一部规范建筑活动的大法。从起草到出台历经13年，有数万人参加了对这部法律的讨论和修改。1999年8月30日又颁布了《中华人民共和国招标投标法》。2000 年 1 月 30 日、2000 年 9 月 25 日、2003 年 11 月 24 日国务院相继颁布了《建设工程质量管理条例》、《建设工程勘察设计管理条例》和《建设工程安全生产管理条例》。建设部、国务院有关部门和地方也出台了一系列相应的部门规章及地方性法规、规章，并逐步建立和完善了符合市场经济要求的建筑许可、工程招标投标、工程监理、招标代理、工程质量监督、安全监督、施工图设计审查、工程竣工验收备案等法律制度，形成了法律法规和规章相配套的建筑业和工程建设法规体系，建筑市场运行有法可依的局面基本形成。

准入制度逐步健全。从 1984 年开始，国家相继对勘察、设计、施工、监理、招标代理、工程造价咨询单位实行了资质管理制度。1989 年 6 月建设部颁布的《施工企业资质管理规定》，将施工企业划分为具有独立承包资格的施工企业和只能提供工程分包、劳务的非等级施工企业，实现了企业组织结构调整的重大改革。1992 年 5 月颁布了《施工企业资质动态管理暂行办法》，将资质管理的"终身制"向动态管理的改革迈步。1995 年 10 月颁布的《建筑业企业资质管理规定》将建筑业企业分为工程施工总承包企业、施工承包企业和专项分包企业三类。2001 年 4 月颁布的《建筑业企业资质管理规定》和《建筑业企业资质等级标准》，基本解决了以前对单位的资质管理分类、分级过于烦琐，对个人执业资格管理体系不够健全，审批、注册办法尚待完善等问题。2007年9月建设部颁布的《建筑业企业资质管理规定》开始实施，明确要求：建设主管部门履行监察职责时，有权要求被检查单位提供资质证书、注册执业人员的执业证书及相关文档等企业内部管理制度的文件。有权进入被检查单位查阅相关资料。有权纠正违反有关法律、法规和本规定及有关规范和标准的行为，并对建设主管部门及其工作人员提出了更严格的要求。

1995年9月23日，国务院颁布了《中华人民共和国注册建筑师条例》。这是在工程建设领域建立的第一个专业人员执业注册制度。目前，我国已对从事勘察设计、施工、监理、招标代理、造价咨询活动的企业实行了资质管理，建立了注册建筑师、勘察设计注册工程师、注册监理工程师、注册建造师、注册造价工程师等执业资格制度，并在实施中不断完善其管理办法。企业资质和专业人员执业资格制度，不仅严格了市场准入管理，而且对有建筑市场违法行为或发生重大质量安全事故的企业和专业人员，要依法给予降低资质等级、吊销资质证书或责令停止执业、吊销执业资格证书等行政处罚。

工程质量逐步提高。建设工程质量和安全生产管理的法律制度不断完善，国家和地方都制定了一系列相关管理规定，完善了技术标准体系，严格管理，规范操作，使工程质量和安全生产水平稳步提高。建设部组织了多次全国性工程质量大检查抽查，合格率基本保持在 95% 以上，特大城市、大中城市已杜绝房屋工程垮塌事故。1981 年 7 月 28 日，为鼓励勘察设计单位和施工单位加强管理，提高质量，为国家创建更多"全优工程"，国家设立国家优质工程奖，分为金质奖章和银质奖章。1987 年 2 月 26 日，国家计划委员会将工程建设方面的国家质量管理奖、国家优质工程奖、全国优秀质量管理小组奖统称为国家工程建设质量管理奖，成立国家工程建设质量奖审定委员会，委托中国施工企业管理协会办理具体评审工作。2010 年 1 月 8 日，经中共中央、国务院同意，全国清理规范评比达标表彰工作联席会议办公室印发《关于评比达标表彰保留项目的通知》，明确国家优质工程奖继续保留评选，主办单位是中国施工企业管理协会。

培育工程总承包企业。1984 年 9 月，国务院和国家计委、建设部相继出台了暂行规定和管理办法，推动建筑工程承包方式的改革。到 2003 年 2 月建设部颁发《关于培育发展工程总承包和工程项目管理企业的指导意见》，更明确提出：积极推行工程总承包和工程项目管理，是深化我国工程建设项目组织实施方式改革，提高工程建设管理水平，保证工程质量和投资效益，规范建筑市场秩序的重要措施；是勘察、设计、施工、监理企业增强综合实力，加快与国际接轨，适应市场经济发展和加入 WTO 后新形势的必然要求；是带动我国技术、机电设备及工程材料的出口，促进劳务输出，提高我国企业国际竞争力的有效途径。同时，还提出了进一步推行工程总承包和工程项目管理的具体措施，工程承包方式改革不断深化。

自工程总承包试点以来，建筑业从单一的施工分包、施工总承包逐步发展到采购-施工总承包、设计-施工总承包和设计采购施工一体化总承包，从技术性较强、工艺要求较高的石化、化工项目逐步推广到冶金、纺织、电力、铁道、机械、电子、石油天然气、建材等行业和装饰、装修、幕墙、消防等专业工程。房屋建筑工程总承包项目近年来也取得了明显的进展，工程总承包额在不断增大。在开展工程总承包初期，一些企业的承包额只有上千万元，目前不少企业已有能力承担几十亿元项目的总承包。

建立劳务分包制度。伴随工程承包方式改革不断深化，建立基本规范的建筑劳务分包制度提上了相关部门的议事日程。1989 年 10 月，建设部会同农业部、国务院贫困地区经济开发领导小组发出了《关于建立第一批国家建筑劳务基地问题的通知》，按照定点定向、专业配套、双向选择、长期合作的方针，建立劳务"基地"和大中型建筑业企业之间的劳务协作关系。2005年5月，建设部在青岛组织召开了全国建立建筑劳务分包制度现场会，并于8月5日颁布了《关于建立和完善劳务分包制度发展建筑劳务企业的意见》，决定从2005年7月1日开始，用三年的时间在全国建立基本规范的建筑劳务分包制度，要求农民工基本被劳务企业或其他用工企业直接吸纳，"包工头"承揽分包业务基本被禁止，并明确提出了具体的政策和监管措施。目前，全国已发展劳务分包企业上万家，吸纳农民工300万～400万人，尤其是北京、天津、青岛、江苏等地在劳务分包工作方面取得了突出成绩。

建立工程风险管理制度。建立工程风险管理制度，是提高投资效益，保证工程质量、安全生产和规范建筑市场秩序的一种有效手段。1997年颁布《建筑法》，明确规定"建筑施工企业必须为从事危险作业的职工办理意外伤害保险，支付保险费"。2002年，建设部会同国务院研究室完成了《关于在我国建立工程风险管理制度的研究报告》，并在此基础上起草了《关于在我国建立和推行工程担保、工程保险的若干意见》。2006年12月建设部印发了《关于在建设工程项目中进一步推行工程担保制度的意见》，明确规定：2007年6月前，省会城市和计划单列市在房地产开发项目中推行试点；2008年年底前，全国地级以上城市在房地产开发项目中推行试点，有条件的地方可根据实际扩大推行范围；到2010年，工程担保制度应具备较为完善的法律法规体系、信用管理体系、风险控制体系和行业自律机制。目前，全国已有18个省、自治区、直辖市出台了工程担保的相关政策。

工程管理模式改革试点。1981年6月，国家批准建设装机60万千瓦的鲁布革水电站。该工程是我国第一个利用世界银行贷款的基本建设项目，其引水隧洞工程实行国际招标。日本大成公司中标，派来一支30人的管理队伍，从中国水电十四局雇了424名劳务工人。该引水隧洞提前5个月全线贯通，工程质量优良。与此同时，我国建筑企业承担的首部枢纽工程却进度迟缓。于是，参照日本大成公司鲁布革事务所的建制，建立了精干的指挥机构，使用先进的施工机械，优化施工组织设计，改革内部分配办法，在鲁布革地下厂房施工中率先进行了项目法施工的尝试，提高了劳动生产率和工程质量，加快了施工进度，提前四个半月结束了开挖工程，取得了投资省、工期短、质量好的显著效果。"鲁布革工程项目管理经验"受到了中央领导同志的重视，随后，国家进行了鲁布革工程管理经验的试点。

1991年9月，建设部把试点工作转变为全行业推进的综合改革。"鲁布革工程管理经验"有力地推动了我国建筑业的改革和发展。

打开国际工程承包市场。中国企业最早从事境外承包业务，是随着对外援助的发展，帮助部分国家建设一些小的项目。从1978年十一届三中全会提出"对外开放"，才真正为中国企业进入国际工程承包市场打开大门。改革开放的前五年，我国对外承包企业不足30家，主要是劳务分包和施工分包，累计签订合同额12.5亿美元，完成营业额5.6亿美元，属于对外承包工程发展的初始阶段。至1990年，我国对外承包工程和劳务合作当年新签合同额已经达到25亿美元，当年完成营业额达到17亿美元，享有对外经营权的企业增加到近百家，市场已经扩展到130多个国家和地区。到1999年，根据国内外形势的发展变化，中央明确提出了"走出去"战略。努力推动各类企业"走出去"，已经成为我国新时期开放型经济发展的重要内容。从"十五"计划开始，我国对外承包工程进入持续快速增长的重要阶段。对外承包工程新签合同额突破了100亿美元，完成营业额达到85亿美元。

建立工程监理制度。改革开放以后，"三资"工程项目逐步增多，国际金融机构向我国贷款的工程项目均要求实行监理制。1988 年 7 月建设部印发了《关于开展建设监理工作的通知》，提出要建立具有中国特色的建设监理制度，旨在通过质量控制、投资控制、进度控制、合同管理、信息管理和组织协调等，提高工程质量和投资效益。1989 年 7 月建设部颁布了《建设监理试行规定》，这是建设监理工作的第一个规范性文件。经过五年的试点后，1993 年转向稳步发展阶段，在全国全面推行建设工程监理制度。1997 年出台的《中华人民共和国建筑法》中专设了"建筑工程监理"一章，规定"国家推行建筑工程监理制度"。2007 年 5 月建设部发布了新修订的《工程监理企业资质标准》，将工程监理企业划分为综合资质、专业资质和事务所三个序列。近年来，监理行业规模不断扩大，营业规模增长迅速，业务结构向多个咨询服务领域拓展。30 年来，建设监理制度有力推动了工程建设组织实施方式的社会化、专业化进程，成为工程质量安全的"保护网"，提高工程建设水平和投资效益的"助力器"。建设监理制度作为改革开放的新生事物，载入了我国改革创新的史册。

技术创新取得进步。1984 年，城乡建设环境保护部组织数百名专家经过两年多的辛勤工作，编制出《中国建筑技术政策》，包括设计、施工、建材与制品、设备、勘察、标准化等八个专业的技术政策；1997 年年底又颁布了

《1996—2010 年建筑技术政策》，对我国建筑技术发展发挥了重要的指导作用。为使科技成果转化为生产力，推动建筑新技术在工程上的广泛应用，建设部从 1994 年开始在全国建立了新技术应用示范工程，推广应用 10 项新技术，使建筑新技术的推广应用不断向广度、深度发展，促进了我国建筑业整体技术水平的提高。2006 年，建设部出台了《关于进一步加强建筑业技术创新工作的意见》，进一步为建筑业的科技发展指明了方向。

　　信用体系基本建立。2004 年 1 月，经国务院全国整顿和规范市场经济秩序领导小组办公室批准，将中国施工企业管理协会纳入我国首批社会信用体系建设行业试点单位。2005 年 8 月，建设部颁布了《关于加快推进建筑市场信用体系建设工作的意见》；2007 年 1 月又颁布了《建筑市场诚信行为信息管理办法》，公布了 175 条建筑市场各方主体不良行为记录认定标准。

四、高质量发展（2012年至今）

党的十八大以来，在以习近平同志为核心的党中央坚强领导下，面对世界经济复苏乏力、局部冲突和动荡频发、全球性问题加剧的外部环境，面对我国经济发展进入新常态等一系列深刻变化，我国坚持稳中求进工作总基调，迎难而上，开拓进取，取得了改革开放和社会主义现代化建设的历史性成就，为党的十九大提出的高质量发展做出了扎实的铺垫。工程建设行业以加快发展方式转变和产业结构调整为主线，以继续深化体制机制改革为动力，出台了多项深化改革的政策措施，促进行业由"粗放式"向"精细化"转型，追求服务高水平、产品高品质和发展高效益。

质量成为我国经济社会发展的主旋律。十八大以来，党中央、国务院审时度势、英明决断，把质量工作提到了战略的高度。2012年，党的十八大提出，要把推动发展的立足点转到提高质量和效益上来。2013年，国务院每年开始对省级政府实施质量工作考核。2014年，习近平总书记提出，要推动中国速度向中国质量转变。2015年，十八届四中全会，中央提出，坚持发展以质量为中心。2016年，中央经济工作会议指出，供给侧结构性改革，最终目的是满足需求，主攻方向是提高供给质量。2017年，党的十九大，提出我国经济已由高速增长阶段转向高质量发展阶段，确定将质量强国作为国家战略。习近平总书记在十九大报告中对质量工作提出了一系列要求，要求广大企业要树立质量第一的强烈意识，各行各业要大力推动质量变革，提高供给质量、建设质量强国，等等。党中央还专门制定并印发了《关于开展质量提升行动的指导意见》，在全国范围内开展为期三年的质量提升活动。2018年，中共中央国务院出台了《关于推动高质量发展的意见》，指出推动高质量发展是当前和今后一个时期各行各业、各个领域确定发展思路、制定经济政策、实施宏观调控的根本要求。工程建设行业按照党中央、国务院的要求，采取有力措施严抓质量。

推广政府和社会资本合作模式（PPP）。 2014年财政部发布了《关于推广运用政府和社会资本合作模式有关问题的通知》《政府和社会资本合作模式操作指南（试行）》，国家发展改革委发布了《关于开展政府和社会资本合作的指导意见》《政府和社会资本合作项目通用合同指南（2014版）》，大大促进了PPP模式在全国各地的快速推进。

响应"一带一路"倡议。2015年3月，根据习近平总书记提出的"一带一路"倡议，国家发展改革委、外交部、商务部联合发布了《推动共建丝绸之路经济带和21世纪海上丝绸之路的愿景与行动》。在这一时期，我国建筑施工企业积极实施"走出去"战略，发挥在高铁、电力、公路、港口、机场、油气管道、高层建筑等工程建设方面的比较优势，对外承包业务显著。2015—2018年每年均有65家中国建设企业进入ENR全球最大250家国际工程承包商榜单，上榜企业数量稳居世界首位。

建筑业税制改革。"营改增"是党中央、国务院全面深化改革的重要决策部署，是打造中国经济升级版的重大战略举措。2016年3月，财政部、国家税务总局向社会公布了《营业税改征增值税试点实施办法》，在全国范围内全面推开营改增试点，建筑业、房地产业、金融业、生活服务业等全部营业税纳税人纳入试点范围，由缴纳营业税改为缴纳增值税。营改增对工程建设行业的现金流量、产品造价、收入和利润等方面均带来显著影响。

加快推行工程总承包。中国特色社会主义进入新时代，我国经济已由高速增长阶段转向高质量发展阶段，推行工程总承包已成为建筑业改革发展的主推方向。一是贯彻国家政策要求。2016年，《中共中央国务院关于进一步加强城市规划建设管理工作的若干意见》提出"深化建设项目组织实施方式改革，推广工程总承包制"。2017年，《国务院办公厅关于促进建筑业持续健康发展的意见》在完善工程建设组织模式中提出"加快推行工程总承包"，全面提出了加快推行工程总承包的各项具体要求。二是符合建设客观规律。工程总承包模式有利于实现设计、采购、施工等各阶段工作的深度融合和资源高效配置；有利于统筹管理力量，降低管理成本，实现工程建设利益和价值最大化；有利于提升工程建设质量安全，发挥工程建设责任主体明晰和技术管理优势，降低工程风险。三是适应改革发展的需要。工程建设行业作为国民经济的支柱产业，存在行业发展方式粗放、监管体制机制不健全、工程建设组织方式落后等问题。解决问题的"钥匙"之一是工程建设组织模式的完善改进。推行工程总承包模式，打破人为分割及碎片化，提升企业核心竞争力。

国务院出台顶层设计文件。国务院办公厅出台《关于促进建筑业持续健康发展的意见》（国办发〔2017〕19号），这是时隔33年后再次为建筑业改革出台顶层设计文件，提出"中国建造"这一理念，引导建筑业按照"实用、经济、绿色、美观"的要求，进一步改革转型、向高质量发展。国办发〔2017〕19号从七个方面对促进建筑业持续健康发展提出具体措施。一是深化建筑业简政放权改革，优化资质资格管理，强化个人执业资格制度；完善招标投标制度，缩小必须招标的工程建设项目范围，将依法必须招标的工程建设项目纳入统一的公共资源交易平台。二是完善工程建设组织模式，加快推行工程总承包，培育全过程工程咨询，发挥建筑师的主导作用。三是加强工程质量安全管理，全面落实各方主体的责任，强化政府对工程质量安全的监管，提升工程质量安全水平。四是优化建筑市场环境，建立统一开放的建筑市场，健全建筑市场信用体系；加强承包履约管理，规范工程价款结算，通过工程预付款、业主支付担保等经济和法律手段规范建设单位行为，预防拖欠工程款。五是提高从业人员素质，加快培养建筑人才，改革建筑用工制度，大力发展以作业为主的专业企业；全面落实劳动合同制度，建立健全与建筑业相适应的社会保险参保缴费方式，保护工人合法权益。六是推进建筑产业现代化，大力推广智能和装配式建筑，推动建造方式创新；提升建筑设计水平，加强技术研发应用，完善工程建设标准。七是加快建筑业企业"走出去"，加强中外标准衔接，提高对外承包能力，鼓励建筑企业积极有序开拓国际市场；加大政策扶持力度，重点支持对外经济合作战略项目。

出台工程咨询行业管理办法。2017 年 11 月 6 日，为促进投资科学决策、规范实施，发挥投资对优化供给结构的关键性作用，国家发展改革委根据《中共中央 国务院关于深化投融资体制改革的意见》（中发〔2016〕18 号）、《企业投资项目核准和备案管理条例》（国务院令第 673 号）及有关法律法规，印发了《工程咨询行业管理办法》（2017 年第 9 号令）。该办法取消工程咨询单位资格认定，对工程咨询单位实行告知性备案管理。工程设计、工程监理不再属于工程咨询业。咨询范围包括规划咨询、项目咨询、评估咨询、全过程工程咨询四部分。

工程建设项目审批制度改革试点。2018 年 5 月 14 日，国务院办公厅下发了《关于开展工程建设项目审批制度改革试点的通知》（国办发〔2018〕33 号）。改革覆盖工程建设项目审批全过程（包括从立项到竣工验收和公共设施接入服务）；主要针对房屋建筑和城市基础设施等工程，覆盖行政许可等审批事项和技术审查、中介服务、市政公用服务以及备案等其他类型事项，推动流程优化和标准化。目标是 2020 年基本建成全国统一的工程建设项目审批和管理体系。明确改革的主要内容有：统一审批流程；精简审批环节；完善审批体系；强化监督管理。

推进全过程工程咨询服务发展。国家发展改革委、住房城乡建设部联合印发《关于推进全过程工程咨询服务发展的指导意见》（发改投资规〔2019〕515号）。指导意见为更好地实现投资建设意图，满足投资者或建设单位在固定资产投资项目决策、工程建设、项目运营过程中，对综合性、跨阶段、一体化的咨询服务需求，从鼓励发展多种形式全过程工程咨询、重点培育全过程工程咨询模式、优化市场环境、强化保障措施等方面提出一系列政策措施。这是创新咨询服务组织实施方式，大力发展以市场需求为导向、满足委托方多样化需求的全过程工程咨询服务模式。

第二章

辉煌成就

新中国成立 70 年来，工程建设行业解放思想，开拓进取，在基础设施建设、工程建造能力、科技创新水平、对外开放与合作等方面取得了前所未有的成绩，为推动经济社会发展，服务和改善民生，促进生态文明建设发挥了基础性、先导性和服务性作用。在世界工程建设史上创造了举世瞩目的"中国速度"和"中国模式"。

一、基础设施建设构建新格局

新中国成立以来，工程建设行业紧紧围绕国家发展战略，把握基础设施先行这个关键，实现了跨越式发展，电力建设规模、超高层数量以及高速铁路、高速公路、城市轨道的运营里程和港口万吨级泊位数量等均位于世界领先水平，油气管网里程和机场数量等位居世界前列。基础设施网络不断完善。

（一）电源电网规模快速发展

新中国成立初期，我国电源建设：发电装机容量仅为185万千瓦、发电量43亿千瓦时，分别居世界第21位和第25位；我国电网建设：全国输电线路长度仅为6500千米。2018年，我国发电装机容量已达到19亿千瓦，全口径发电量6.99万亿千瓦时，均居世界第一位；我国输电线路总里程超过180万千米，成为世界上电网规模最大的国家。这些线路架设在中国的版图上，如同血管一般为中国的发展提供着源源不断的动力。特别是特高压电网，因其大容量、远距离的输电能力，更被称为输电网络的主动脉。目前，中国建成的特高压线路达到 18 条，长度接近 3 万千米，使"煤从空中走、电送全中国"成为现实，使"以电代煤、以电代油、电从远方来、来的是清洁电"成为中国能源和电力发展的新常态，为构建"全球能源互联网"、落实国家"一带一路"发展战略提供了强大基础支撑。

我国核电建设起步于 20 世纪 80 年代初。1983 年 6 月，我国首台核电工程秦山核电开工，采用压水堆技术，额定电功率为 31 万千瓦，1991 年 12 月 15 日并网发电成功，结束了我国大陆无核电的历史。截至 2018 年 12 月 31 日，我国投入商业运行的核电机组共 44 台，装机容量达 4465 万千瓦，在运核电装机规模位列全球第三。我国在建核电机组 13 台，总装机容量 1403 万千瓦。2018 年核能发电量为 2865.01 亿千瓦时，创造历史最高水平，占全国总发电量的 4.22%。

（二）油气管网体系逐步完善

新中国成立初期，全国的石油产量仅 12 万吨。随后，在新疆、甘肃、青海和四川建设 4 个石油天然气基地。到 1959 年，全国原油产量达到 373.3 万吨，其中 4 个石油天然气基地共生产原油 276.3 万吨，占全国原油总产量的

74.1%。1958 年 1 月 10 日，我国第一条长输管道"克拉玛依-独山子输油管道"建成投产，管道全长 147 千米，管径 150 毫米，输油能力 53 万吨/年。2018 年，原油产量18910.6 万吨，天然气产量 1602.7 亿立方米，生产化肥5424.4 吨，乙烯 1841 万吨。全国已建成投产长输管道总里程约 13.31 万千米，其中，天然气管道约 7.72 万千米，原油管道约 2.87 万千米，成品油管道约 2.72 万千米。形成了横跨东西、纵贯南北、覆盖全国、连通海外的油气管网。全国建成投产国家原油储备基地 9 座，总库容达到 3280 万立方；建成地下原油储备库 2 座，总库容达到 600 万立方；建成地下储气库 25 座，液化天然气接收站 18 座。同时，三大石油公司、地方企业还建成投产了各类原油商业储备库，总库容达上千万立方。

（三）铁路分层次网络基本形成

新中国成立初期，我国只有时速几十千米的绿皮车，铁路网里程仅 2.18 万千米，大部分在东北和沿海地区。经过 70 年的发展，我国已拥有世界上最现代化的铁路网和最发达的高铁网。2018 年年底，全国铁路营业总里程达 13.1万千米，是 1949 年的 6 倍，规模居世界第二。西部地区铁路营业里程 5.3 万千米。全国铁路路网密度 136.9 千米/万平方千米，铁路复线率和电气化率分别达到 58.0% 和 70.0%。横跨东西、纵贯南北的大能力通道逐步形成。2008 年，第一条高速铁路京津城际铁路开通运营，拉开了我国高铁时代的序幕。我国高速铁路在短时间内实现了从无到有、再到世界第一的跨越式发展，成为闪耀世界的亮丽名片。截至 2018 年年底，全国高速铁路营业里程达 2.9 万千米，占世界高铁的 2/3，"四纵四横"高铁主通道基本贯通，高铁覆盖 65% 以上百万人口城市，以高速铁路为骨架、以城际铁路为补充的快速客运网络初步建成。

（四）公路广覆盖网络基本建立

新中国成立初期，全国公路总里程为 8.08 万千米。1988 年 10 月，全长 20.5 千米的沪嘉高速公路建成通车（15.9 千米符合高速公路标准）；同年 11 月，沈大高速公路部分路段（沈阳至鞍山、大连至三十里堡）建成通车，长度 131 千米。中国高速公路实现了零的突破。2018 年年底，全国公路通车总里程 484.65 万千米，是 1949 年的 60 倍。高速公路通车里程达 14.26 万千米，是 1988 年的 970 倍，年均增长 26%，总里程居世界第一位，覆盖 97% 的 20 万人口城市及地级行政中心。国省干线公路网络不断完善，连接了全国县级及以上行政区。我国高速公路实现了从无到有、再到覆盖成网的跨越式发展。农村公路里程达到 405 万千米，通达 99.99% 的乡镇和 99.98% 的建制村。路网技术结构不断优化，四级及以上等级公路里程占公路总里程的 90% 以上。

（五）水运干支衔接网络初步形成

新中国成立初期，我国水路运输十分落后，内河航道里程共 7.36 万千米，泊位 200 多个，以通用件杂货码头泊位为主。到 2017 年年底，我国港口拥有生产性码头泊位 2.76 万个，其中万吨级及以上泊位 2366 个，内河万吨级泊位为 418 个，煤炭、原油、金属矿石、集装箱等专业化泊位 1254 个，港口大型化、深水化、专业化、自动化水平进一步提升。内河航道通航里程达 12.7 万千米，等级航道占 52.1%，三级及以上航道里程 1.25 万千米，长江、西江、京杭运河等航道通航条件不断改善，初步建成了以"两横一纵两网十八线"为主体的内河航道体系。

（六）水利治理新格局基本构成

新中国成立之初，我国只有 22 座大中型水库，江河堤防仅 4.2 万千米，许多江河都缺乏控制性工程。1950 年年末至 1960 年年初，新中国以治淮为先导，开展了对海河、黄河、长江等大江大河大湖的治理，长江荆江分洪工程、官厅水库、三门峡水利枢纽等一批重要水利设施相继兴建，掀起了新中国第一次水利建设高潮。党的十八大以来，习近平总书记提出"节水优先、空间均衡、系统治理、两手发力"的新时期水利工作方针，为做好水利工作提供了科学的思想武器和行动指南。截至 2018 年年底，全国共有各类水库 10 万座，总库容近 9000 亿立方米，建成 5 级及以上堤防 31.2 万千米。当前，一批控制性枢纽及大江大河治理工程建成发挥效益，大江大河防洪减灾体系基本建成。

（七）民用机场布局基本成型

新中国成立初期，全民航只有 30 架小飞机，12 条航线，运输总周转量仅为 157 万吨千米。截至 2018 年年底，全国民航运输机场达 233 个，民用航线 4945 条，民用飞机 6134 架，服务覆盖全国 88.5% 的地市、76.5% 的县，初步形成了以北京、上海、广州等国际枢纽机场为中心，省会城市和重点城市区域枢纽机场为骨干，以及其他干支线机场相互配合的格局。机场轨道交通和机场快速通道加快建设，机场与其他交通运输方式的衔接更加紧密。

（八）城市轨道交通发展迅速

我国城市轨道交通事业起步较晚，第一条地铁北京地铁一号线始建于1965年，1969年修建完成，其线路沿长安街与北京城墙南缘自西向东贯穿北京市区，全长23.6千米。至1990年，中国内地只有北京、天津建有地铁40千米。进入21世纪以来，中国地铁呈现"井喷式"发展，地铁开始由一线城市向二线城市扩展开来。截至2018年年底，中国内地有35个城市开通了城市轨道交通线路，运营里程达到5761千米。从已开通运营线网规模上看，2018年共计有18个城市的线网规模达到100千米以上，其中上海、北京两市均超700千米，广州超400千米，南京、武汉、成都、重庆超300千米，深圳、天津超200千米。从运营线路系统制式构成看，整体结构变化不大，除地铁和有轨电车占比略有增加，分别从76%增到77%、5.7%增到5.9%，轻轨、单轨、市域快轨等其他制式占比基本上没有变化。目前，我国城市轨道交通运营里程居世界第一。

（九）城镇化建设日新月异

城乡面貌焕然一新，城镇化水平显著提高。新中国成立初期，我国城镇化水平很低，城镇人口占总人口的比重仅为 10.6%。1978 年年末常住人口城镇化率也仅为 17.9%。改革开放以来，我国城镇化进程明显加快，城镇化水平不断提高。2018 年年末，我国常住人口城镇化率为 59.6%，比 1978 年年末上升 41.7 个百分点。2018 年年末，户籍人口城镇化率达到 43.4%，比 2012 年末提高 8.0 个百分点。伴随工业化和城镇化进程逐步加速，城市数量持续增加，城镇网络体系不断完善。1949—2018 年，城市数量由 132 个发展到 672 个，其中地级以上城市由 65 个增加到 297 个，县级市由 67 个增加到 375 个；建制镇由 2000 个左右增加到 21297 个。70 年来，我国工程建设行业积极进行城乡基础设施建设，房屋建设能力大幅提高，住宅建设规模逐年增加，满足了人民群众对更美好更高品质住宅的需求，不断改善着城乡居民生产生活环境。党的十八大以来，工程建设行业通过大力开展城市地上地下设施、海绵城市建设，积极推进棚户区改造、城乡园林绿化和农村基础设施、卫生设施建设，城乡环境建设成果丰硕。

二、重大工程建设举世瞩目

新中国成立以来，工程建设取得了举世瞩目的成就。

特别是党的十八大以来，工程建设更是硕果累累，在攻克一个个世界难题的同时，为国防建设、经济建设、社会发展和民生改善提供了强大保障。

（一）特高压打造电力输送"超级动脉"

1954 年 1 月，我国第一条 220 千伏高压输电线路——松东李线输电工程建成投产。1981 年 12 月，平顶山至武昌 500 千伏超高压输变电工程正式投运，结束了我国没有超高压等级的历史。2009 年 1 月，我国自主研发、设计和建设的具有自主知识产权的 1000 千伏晋东南–南阳–荆门特高压交流试验示范工程建成运营，是当时世界上运行电压最高、输送能力最大、输变电技术水平最高的交流输变电工程。2010 年 6 月投产的云南至广东±800 千伏特高压直流示范工程，是世界上第一个特高压直流输电工程，也是我国特高压直流输电的开创性工程和世界上直流输电发展史上的里程碑工程。2010 年 7 月投产的向家坝–上海±800 千伏特高压直流输电示范工程，是当时世界上电压等级最高、输送容量最大、送电距离最远、技术水平最先进的直流输电工程，代表了当时世界高压直流输电技术的最高水平。2018 年 5 月，总长 3324 千米、额定输送容量 12000 兆瓦的新疆昌吉至安徽古泉±1100 千伏特高压直流工程全线贯通，成为世界上电压等级最高、输送容量最大、输送距离最远、技术水平最先进的特高压输电工程，刷新了世界电网技术的新纪录，开启了特高压直流输电技术发展的新纪元。

（二）卫星发射基地呈现"四足鼎立"

从大漠戈壁到大凉山下，从黄土高坡到海角天涯，4个航天发射场形成沿海内陆、高低纬度、各种射向相结合的科学布局。1958年，酒泉卫星发射中心开始建设，作为我国第一座航天发射场，主要承担返回式卫星、载人航天工程、航天员应急救生等任务。这里先后完成了中国的第一枚地对地导弹发射、第一次导弹核武器试验、第一颗人造地球卫星、第一颗返回式人造地球卫星、第一枚远程弹道导弹、第一次"一箭三星"、第一次为国外卫星提供发射搭载服务、第一艘载人飞船等。1967年，太原卫星发射中心开始建设，作为中国第一座完全自主建设的发射场，主要承担气象、资源、通信、太阳同步轨道卫星和部分国外商业卫星等发射任务。这里先后发射了我国第一代自行设计研制的液体运载火箭、第一颗极地轨道气象卫星风云1号、第一次国际商务卫星，是成功率最高的发射场。1970年，西昌卫星发射中心开始建设，作为我国发射对外开放最早、发射轨道最高、发射场气象条件最复杂的航天发射场，主要承担地球同步轨道卫星和应急发射任务，也是我国探月工程的主要发射中心。这个卫星发射中心顶"风云"、举"北斗"、托"嫦娥"、铸"天链"，用两个工位交替完成了百次卫星发射任务。2009 年，海南文昌航天发射场开始建设，作为我国首个沿海发射场、纬度最低的发射场，主要用于发射新一代大型无污染运载火箭，承担地球同步轨道卫星、大质量极轨卫星、大吨位载人空间站和深空探测航天器等发射任务。

（三）超高层建筑刷新城市"天际线"

随着城市发展水平的提升，各地区以"欲与天公试比高"的勇气，不断提高城市天际线，刷新中国工程"高度"。2016 年，中国第一高、全球第二高，融入人文、艺术、绿色环保和舒适的城市建设理念的上海中心大厦工程（总高 632 米）建成，成为"竖起来的外滩"。2018 年，北京第一高、寓意以"时代之尊"的显赫身份奉献"华夏之礼"设计理念的中国尊（528 米）建成，成为首都新地标。曾是中国第一高、世界第二高、昵称"小蛮腰"的广州塔（总高度 600 米），其塔身 168～334.4 米处设有"蜘蛛侠栈道"，是世界最高最长的空中漫步云梯。2017 年，中国第二高、世界第四高的深圳平安金融中心工程（600 米）建成，成为深圳新地标。正在建设的天津中国 117 大厦，建筑高度 597 米，将成为中国北方最高的摩天大楼。

（四）公路铁路彰显中国工程"长度"

1992 年年底全线开通运营的大秦铁路（大同至秦皇岛，全长 658 千米），是中国第一条双线电气化重载运煤专线、国家西煤东运的重要战略通道，是世界上最具代表性的重载铁路。1996 年 9 月建成通车的京九铁路，是中国一次性建成双线线路最长的铁路工程。2006 年 7 月 1 日全线开通运营的青藏铁路（西宁至拉萨，全长 1956 千米），是世界上海拔最高、线路最长的高原冻土铁路，解决了多年冻土、高寒缺氧和生态脆弱三大世界性难题。2012 年 4 月 29 日建成通车的雅西高速公路（雅安至西昌），是全世界工程难度最大、科技含量最高的山区高速公路，被称为"云端上的高速"。2013 年 10 月建成通车的西藏自治区墨脱公路，结束了墨脱县不通公路的"孤岛"历史，中国真正实现了县县通公路。2015 年 8 月通车的湖北省宜昌市古昭公路（古夫至昭君桥，全长 10.9 千米），是中国首条水上生态环保公路，实现了生态保护与交通建设的完美融合。2017 年 7 月全线贯通的京新高速（北京至乌鲁木齐，全长 2540 千米），是我国里程最长的高速公路，也是世界上穿越沙漠、戈壁最长的高速公路，和原有公路相比，京新高速使北京到乌鲁木齐的距离缩短了 1300 多千米。2017 年 12 月通车的雅康高速公路雅（安）泸（定）段，成为进入西南腹地的交通大动脉，结束了四川甘孜地区不通高速公路的历史。

（五）桥梁建设展现中国工程"跨度"

我国桥梁总数位居世界第一，大跨径斜拉桥、悬索桥等先进桥梁建造技术日益成熟，已成为展示中国形象的新名片，标志着中国工程"跨度"。我国共有公路桥梁超过 80 万座，铁路桥梁超过 20 万座。1968 年 12 月建成通车的南京长江大桥，是长江上第一座由中国自行设计和建造的双层式铁路、公路两用桥梁，开创了我国"自立更生"设计建造大型桥梁的新纪元。2008 年 5 月通车的杭州湾跨海大桥，是中国自行设计、建造和管理的大型跨海大桥，全长 36 千米，将上海与宁波的通行距离缩短了 120 千米左右。2009 年 12 月建成通车的武汉天兴洲公铁两用长江大桥，是世界最大公铁两用桥，主跨 504 米，下层可并列行驶四列火车，可同时承载 2 万吨的载荷，跨度、载荷、速度、宽度 4 项指标在同类桥梁中均位居世界第一。2011 年 1 月 11 日建成通车的南京大胜关长江大桥，是世界首座六线铁路桥，双跨连拱跨度达到 672 米，可同时通行地铁、客混、高铁三种不同列车，被誉为"世界铁路桥之最"。2011年6月开通运营的京沪高铁丹昆特大桥是跨越百河百路世界第一长桥，全长165千米，沿线跨越水面宽度超过20米的河道100余条，跨越道路150余条，共130余处特殊结构。2016年12月通车的北盘江特大公路桥，是世界最高的跨江大桥，全长1341.4米，最大跨度2090米，桥面到谷底垂直高度为565米。2018年10月正式通车的港珠澳大桥，是目前世界上最长的跨海大桥，全长55千米，是连接香港、珠海与澳门，集桥、岛、隧为一体的超级工程，其著名的沉管隧道长达6.75公里，是全球最长的公路沉管隧道和全球唯一的深埋沉管隧道。

（六）隧道建设实现中国工程多维度发展

我国隧道及地下工程修建水平已跻身国际先进行列。在修建方式上，从原始的"钢钎大锤"、钻爆法施工、隧道掘进机施工到穿江越海实现四次跨越式发展。1970年7月建设通车的成昆铁路沙木拉达隧道，隧道全长6.38千米，采用矿山法历时6年修建成功。1987年5月建成通车的京广铁路复线大瑶山隧道，全长14.29千米，国内首次采用新奥法设计施工，实现了长大隧道主要工序机械化作业，是我国隧道修建技术的一次大飞跃，打破了中国不能建设10

千米以上特长隧道的历史。2000 年 8 月建成通车的西康铁路秦岭 I 线隧道，全长 18.46 千米，在国内率先采用世界先进全断面硬岩隧道掘进机修建，开启了我国掘进机技术新时代。2011 年 12 月建成通车的广深港狮子洋隧道，全长 10.8 千米，是国内里程最长、建设标准最高的首座铁路水下隧道，采用盾构机一次掘进长度超过 5 千米，且在水下 60 米进行盾构机对接，在世界隧道建设史上尚属首例。同时在城市地铁施工中，1987 年在北京地铁复兴门折返线中，首创浅埋暗挖法施工技术，结束了我国地铁修建"开膛破肚"的历史，并普遍应用于城市地下工程领域。在修建长度上，我国已经成功修建了 9 座 20 千米以上的交通隧道，最长的运营隧道是 32.69 千米的青藏铁路关角隧道；在建最长的隧道是 34.5 千米的大瑞铁路高黎贡山隧道。我国已经完全掌握 20 千米级隧道的修建技术，目前川藏铁路正在向着修建 30 千米级以上特长隧道进军。在修建数量上，投入运营的铁路隧道 15117 座，总长 16331 千米。投入运营公路上的隧道有 17738 座，总长约 17236 千米。我国大陆（不含港澳台地区）共计 35 个城市 185 条地铁线路投入运营，运营地铁线路长度达 5761 千米。有 109 项水工隧道开工建设，包括辽西北引水、滇中引水、引汉济渭等，在建投资规模超过 8000 亿元。

（七）高速铁路演绎中国工程"速度"

我国高铁建设以"四横四纵"为骨架形成网络。2008年中国第一条高速铁路——京津城际高速铁路开通运营，成就了"30分钟城市圈"。2010年7月1日投入使用的上海虹桥综合交通枢纽总建筑面积约4万平方米，设30条股道和30个站台，集高铁、机场、地铁、城市公交、长途汽车等多种运输方式为一体，实现了无缝衔接，年客流量超过1亿人次，极大地方便了群众出行。2011年6月30日开通运营的京沪高铁（全长1318千米），是世界上第一条商业运营时速达到350千米的高速铁路，将京沪两地通达时间由改革开放之初的20多个小时缩短至4小时。2012年12月1日开通运营的哈大高铁（全长921千米），是世界上第一条穿越高寒地区的长距离高速铁路，也是世界上严寒季冻区冬季商业运营速度最高（300千米/小时）的高速铁路。2015年12月30日投入运营的深圳福田车站（建筑面积14.7万平方米，位于地下30米），是国内首座大型地下火车站，也是亚洲最大、世界上通过速度最高的地下高铁车站。2017年6月25日"复兴号"成功下线，运行时速高达350千米，涉及高速动车组254项重要标准中，中国标准占到了84%，进一步确立了中国高铁的世界地位。2018年

9月23日全线开通运营的京广港高铁（全长2440千米），连接北京、河北、河南、湖北、湖南、广东及香港特别行政区，是连接内地与港澳的重要纽带。

（八）核电建设塑造中国工程"新名片"

1991年投入运营的秦山核电站一期工程，采用中国CNP300压水堆技术，是我国自行设计、自行建造、自行运营、自行管理的第一座原型压水堆核电站，实现中国大陆核电"零的突破"，被誉为"国之光荣"。1994年建成运营的大亚湾核电站，是我国大陆引进国外资金、先进技术和管理经验建设和运营的第一座大型商业压水堆核电站。1999年开工建设的田湾核电厂，是中俄两国政府加深政治互信、发展经济贸易、加强国际战略协作、共同推动中俄核能合作的标志性工程，是两国迄今最大的技术经济合作项目。2009年开工建设的台山核电站工程，是中国政府从国家能源战略高度做出的重要决策，也是中法能源合作领域的里程碑式事件。一期建设两台EPR1750MW机组，单机容量为世界之最。2015年开工建设的福清核电站二期工程5、6号机组，是我国首个完全采用自主知识产权第三代核电技术"华龙一号"技术路线的示范工程，促进实现以自主设计、自主制造为重心的中国核电自主化发展进程。

2015 年开工建设的防城港核电站二期工程，采用具有我国自主知识产权的三代核电技术——华龙一号，将作为英国布拉德韦尔 B（BRB）核电项目的参考电站，成为我国核电"走出去"战略的桥头堡。2018 年投入运营的三门核电站，是我国首个三代核电自主化依托项目，也是中美两国最大的能源合作项目。2012 年开工建设的华能石岛湾核电厂，是中国自主研发的世界首座具有第四代核电特征的高温气冷堆核电站，也是世界上第一座具有第四代核能系统安全特性模块式高温气冷堆商用规模示范电站。

（九）水利建设缓解中国"生态危机"

从过去"小水大灾"、洪水泛滥，到现在"大水小灾"、有序应对，黄河、长江、淮河、珠江……一条条安澜的江河见证了水利建设 70 年的辉煌成就。2001 年建成使用的黄河小浪底水利枢纽工程位于黄河最后一段峡谷出口处，控制黄河 92.3% 的流域面积、90% 的水量和近 100% 的沙量，在整个治黄体系中处于承上启下的关键战略地位。2006 年建成使用的长江三峡水利枢纽工程是治理和开发长江的关键性骨干工程，是当今世界上最大的水利枢纽工程，具有防洪、发电、航运等综合效益。2006 年 10 月建成验收的淮河入海水道工程是新开辟的淮河直接入海通道，是淮河全面治理中的战略性骨干工程，结束了自 1194 年黄河决口南泛夺淮以来，淮河 800 年没有直接入海通道的历史，对于解决淮河洪涝灾害频繁问题具有战略性作用。2002 年 10 月国务院批复的南水北调工程，有效解决了北方水资源严重短缺问题，实现长江、淮河、黄河、海河四大流域水资源的合理配置，统筹规划调水区和受水区的经济效益、社会效益和生态效益。2014 年 12 月南水北调东中线一期工程全面建成通水，标志着以南水北调工程为代表的水资源"南北调配、东西互济"配置格局逐步形成。

（十）港口码头书写中国工程"深度"

全球排名前十的港口中有 7 个位于中国，不断增加中国工程"深度"。上海港已成为一个综合性、多功能、现代化的大型主枢纽港，集装箱吞吐量连续多年全球第一，已跻身于世界大港之列，宁波—舟山港货物吞吐量连续多年全球第一，2017 年成为全球首个货物吞吐量超"10 亿吨"的大港，集装箱吞吐量达到 2278.3 万标准箱，实现年均两位数增长。天津港是世界最大的人工深水港，是中国北方最大的综合性港口和重要的对外贸易口岸，主航道水深已达 21 米，可满足 30 万吨级原油船舶和国际上最先进的集装箱船进出港。秦皇岛港是世界第一大能源输出港，是我国

"北煤南运"大通道的重要枢纽港,担负着我国南方"八省一市"的煤炭供应,拥有全球最大的煤炭码头。青岛港是中国第二个外贸亿吨吞吐港,拥有全国最大的集装箱码头、原油码头、铁矿码头和国际一流的煤炭码头、散粮接卸码头,在区域外向型经济发展中发挥了重要作用。2013年12月5日开港的重庆市果园港是中国最大的内河水、铁、公联运枢纽港,实现了中欧国际货运大通道与长江黄金水道的"无缝衔接"。国家重大水运工程——长江南京以下12.5米深水航道工程全面建成,5万吨级海轮可直达南京。2017年12月,全球最大自动化集装箱码头——上海洋山港四期正式开港,标志着中国港口行业在运营模式和技术应用上实现跨越升级,为上海港加速跻身世界航运中心前列提供新动力。

(十一) 民用机场演绎中国工程"腾飞"

1984年,历时10年的北京首都机场第一次扩建工程结束,成为我国第一个拥有两条跑道的民用机场。深圳机场是世界百强机场、中国四大航空货运中心及快件集散中心之一,2017年货邮吞吐量116万吨,在中国外向型经济发展中发挥了重要作用。2013年9月建成通航的稻城亚丁机场海拔4411米,是世界上海拔最高的民用运输机场,有效缩短了大香格里拉地区与外界的时空距离，带动当地加快发展。玉树机场是青海省第三座民用机场，作为高原机场，在玉树地震抗震救灾中发挥了重要作用。2018 年 2 月获批新建的湖北鄂州民用机场将成为亚洲第一个以货运功能为主的枢纽机场，建成后主要运输航空快件。北京首都机场 T3、上海浦东、广州新白云、昆明长水等机场陆续建成超大单体航站楼，大量新工艺、新技术实现应用和推广，大跨度屋盖施工成功实现。2019 年 6 月北京大兴国际机场通过竣工验收，作为京津冀协同发展交通先行、民航率先突破的标志性工程，将实现空陆侧交通"无缝衔接"和"零距离换乘"。

（十二）石化建设推进中国能源"干支衔接"

2002 年 7 月开工建设的西气东输管网工程，采取干支结合、配套建设方式进行，管道全长 4 万千米，输气规模设计为每年 120 亿立方米，是我国管道建设史上距离最长、管径最大、管壁最厚、输送压力最高、技术最先进、施工条件最复杂的天然气管道工程。2004 年国家启动国家石油战略储备工程，建设一期工程包括：舟山、镇海、大连和黄岛等 4 个国家石油储备基地，总储备库容为 1640 万立方米，储备原油 1243 万吨。二期工程包括：天津、兰州、独山子、钦州和舟山储备库二期工程，以及黄岛、锦州石油储备洞库，总库容达到 2200 万立方。2014 年 6 月前投产的中亚天然气管道工程（A 线、B 线、C 线），总长 8653 千米，是世界上最长的单一输气管线。2015 年 12 月，中国首个国家级大型页岩气田——中石化江汉油田涪陵页岩气田建成投产，它是全球除北美之外最大的页岩气田，相当于建成一个千万吨级的大油田。使我国成为继美国、加拿大后，世界上第三个实现页岩气商业开发的国家。2014 年 7 月，我国第一个自主设计、自主采购、自主施工、自主管理的大型 LNG 项目——大连 LNG 项目建成投产，建设规模 300 万吨/年，供气能力 42 亿立方米/年，是建设海上能源通道、保证国家能源安全的组成部分。

三、科技创新水平整体提升

（一）建造技术迈入世界先进行列

我国工程建造技术水平明显提高，关键共性技术、前沿引领技术、现代工程技术发展日新月异，一些重大工程技术领域取得突破性飞跃，已居世界领先地位。解决了岩溶地区拱坝防渗、狭窄河谷拱坝大流量泄洪等世界性难题，建成二滩、溪洛渡、锦屏一级、大岗山、小湾等一系列特高拱坝，坝高和数量均居世界首位，建造水平堪称世界一流。成功开发出超特高压交流 750 千伏和 1000 千伏、直流 ±800 千伏和 ±1100 千伏的特高压输变电技术，取得了从基础研究到工程实践的全面突破，实现了"中国创造"和"中国引领"。解决了新能源大规模集中开发难以控制、难以调度的世界性难题，建成世界上规模最大、综合利用水平最高的集风力发电、光伏发电、储能系统、智能输电"四位一体"的新能源综合示范项目国家风光储输示范工程，成为全球新能源发展的"风向标"。高原冻土、膨胀土、生态脆弱、沙漠等特殊地质的铁路公路建设技术克服世界级难题，青藏、川藏公路及青藏铁路先后建成通车运营。高速铁路、高寒铁路、高原铁路、重载铁路技术迈入世界先进行列，陆续建成一批世界级特大桥隧，特大桥隧建造技术达到世界先进水平。世界上排进前十名的大跨径斜拉桥、悬索桥、拱桥、梁桥以及跨海大桥，中国均占50% 以上，证明我国大跨径、长距离桥梁建造能力和水平达到国际领先水平。离岸深水港建设关键技术、巨型河口航道整治技术、长河段航道系统治理技术以及大型机场工程建设技术世界领先，建成洋山港集装箱全自动化码头、长江口深水航道治理等系列重大工程。在山地丘陵、两江流域、植被密布、埋藏较深、地质条件复杂等特殊条件下，建成全球除北美之外最大的页岩气田——涪陵页岩气田，整体技术达到国际领先水平。超深超大基坑、特殊复杂地质条件下超高层、大跨度、异型结构房屋建筑的建设技术世界领先，建成上海中心、平安金融中心、上海世茂深坑酒店、国家体育场（鸟巢）等系列重大工程。地下工程盾构施工技术、大体积混凝土浇筑技术、大型结构与设备整体吊装、大型复杂成套设备安装技术等方面不仅具有中国特色，且普遍达到或接近国际先进水平。

（二）建造装备制造技术快速进步

随着我国机械制造能力的不断提升，一批具有自主知识产权、居国际领先水平的工程建造装备，打破了国外成套设备的垄断，成为我国工程建设推进的重器和利器。亚洲第一、世界第三，有"造岛神器"之称的"天鲲号"，设计每小时挖泥6000立方米，标志着我国从此彻底摆脱重型挖泥船依靠进口的历史，跨入能够完全自主设计、自主制造重型自航绞吸船的世界先进行列。徐工集团研制的全球顶级XCA1200八轴全地面起重机，最大能吊起1200吨重量，车桥数量最少、设计最灵活且轻量化程度最高，打破了千吨级的超级起重机技术被德国、美国垄断的局面。自主研发的"超高层建筑智能化施工装备集成平台"被誉为新一代"空中造楼机",是中国首创、世界首创,可以将摩天大楼工期至少缩短20%,有力彰显了"中国建造"实力。自主设计制造的最大直径泥水平衡盾构机"春风号",用于深圳市春风隧道工程,直径15.8米,打破了国外近一个世纪的技术垄断,标志着中国盾构的设计制造迈向高端化。三一重工自主研制的86米泵车凭借臂架最长、臂架节数最多、泵送排量最大,突破了进口底盘对国内的技术封锁,保证了泵车的产业安全,刷新其在2009年创造的"72米世界最长臂架泵车"的世界纪录。另外,诸如挖掘、运输、吊装等类型的机械设备也在不断创新升级,不断满足工程建设的需求。我国工程建设行业的装备有了里程碑式的突破。

(三)工程数字建造技术日新月异

数字技术对工程建设行业的发展产生了深刻广泛的影响,数字建造驱动工程建设行业的无限未来。大数据、BIM、云计算、移动互联网、物联网、5G、人工智能、3D打印、VR/AR、数字孪生、机器人等新兴技术的兴起,为工程数字建造的发展奠定了基础。比如,中国第一高楼上海中心大厦突破传统工艺方法，建立了建筑工程数字建造技术体系，精细的数字化设计、全过程的数字化施工以及高效的数字化运维，显著提升了工程建设水平。世界最长跨海大桥港珠澳大桥研究开发了基于 BIM 架构的港珠澳大桥交通工程全寿命周期系统集成技术，使资源达到了充分共享，实现了各个系统间的信息共享、协调互动和统一的信息管理。通过行业努力，目前初步实现数字技术与工程建造深度融合，下一步，将通过大力推进建造方式改革、监管方式改革、用工方式改革以及发展方式的改变，不断探索智慧工地、智慧建筑、智能建造等数字建筑发展的新模式。

四、国际市场成绩突出

（一）国际影响力不断提升

中国工程建设企业最早从事境外工程承包业务，是随着中国对外援助的发展帮助部分国家建设一些小的项目。党的十一届三中全会以来，中国共产党以开放作笔，在中国大地上书写了以开放促改革、促发展的新篇章，才真正为中国工程建设企业进入国际承包市场打开大门。在对外开放政策的引导下，涌现出大量中外合资、合作建筑企业，同时我国港、澳、台地区建筑企业也不断进入祖国大陆市场。2013 年习近平总书记提出共建"丝绸之路经济带"和"21 世纪海上丝绸之路"的重大倡议，简称"一带一路"倡议。目前，沿线已有 71 个重点国家参与。骨架已经搭建。例如：中蒙俄的经济走廊、中国－中南半岛的经济走廊、新亚欧大陆桥经济走廊、中国－中亚－西亚走廊、中巴经济走廊、孟中印缅经济走廊的建设，都在稳步推进，有的已经进入到建设阶段。

"一带一路"倡议提出六年来，基础设施互联互通先行，广大工程建设企业走在前，做表率，推动"一带一路"倡议逐渐从理念转化为行动，从愿景转化为现实，吸引着全球越来越多的关注目光，影响力不断提升。2018 年发布的《财富》世界 500 强排行榜，120 家中国企业上榜。其中，中国建筑、中国中铁、中国铁建、中国交建、太平洋建设、中国电建、中国能建等 7 家建筑企业榜上有名，继续包揽工程与建筑类企业全球排行前六名，且与榜内他国建企拉开较大差距。2018 年美国《工程新闻纪录（ENR）》"国际承包商 250 强"与"全球承包商 250 强"榜单发布，分别有 69 家和 54 家中国企业上榜，且总体排名有所上升。

可以证明，中国对外承包工程得到了全世界范围的普遍认可。我国的国际影响力不断提升。

（二）企业"走出去"成绩斐然

以"六廊六路多国多港"合作为主线的硬联通国际合作不断深入。工程建设企业深度参与"一带一路"沿线国家和地区重大项目的规划和建设，着力推动陆上、海上、天上、网上四位一体设施的互联互通，作为落实"一带一路"倡议的优先领域取得优异的发展成绩。建成了蒙内铁路、亚吉铁路、马来西亚巴贡水电站、巴基斯坦卡西姆电站等，雅万高铁、中老铁路、中泰铁路等一批重大项目正加快推进；中国-东盟信息港进展顺利；推动中巴经济走廊两大公路、中俄黑河公路桥等重大基础设施项目开工建设；参与希腊比雷埃夫斯港、斯里兰卡汉班托塔港、巴基斯坦瓜达尔港等34个国家42个港口的建设经营；一个又一个镌刻着"一带一路"印记的项目从南到北、从东到西次第落成，使得全球基础设施互联互通不断加强，为各国基础设施投资者、建设者及各相关方创造了巨大商机，推动我国装备、技术、标准、服务等"走出去"。中国高速铁路从技术标准、勘察设计、工程施工、装备制造、物资供应，到运营管理、人才培训、沿线综合开发等实现全方位整体

"走出去"，对于推动中国铁路特别是高铁"走出去"，具有重要的示范效应。我国核电企业"走出去"的步伐不断加快，加强与英国、巴基斯坦、阿根廷等国的合作也取得新的进展。

五、社会发展贡献显著

（一）促进经济增长

新中国成立 70 年来，随着我国经济建设的大规模进行，建筑业迅速发展，产值规模不断扩大，一次又一次突破历史高点。根据数据显示，1952 年，全国建筑业企业完成总产值 57 亿元；1956 年完成总产值 146 亿元，突破百亿大关；1988 年完成总产值 1132 亿元，突破千亿大关，1998 年完成总产值 10062 亿元，突破万亿大关；2011 年完成总产值 11.6 万亿元，突破十万亿大关；2017 年完成总产值 21.4 万亿元，突破二十万亿大关。2018 年，全国建筑业完成总产值 23.5 万亿元，是 1952 年的 4124 倍，年均增长 13.4%。70 年来，伴随着建筑业的迅速发展，建筑业在国民经济中的比重不断提高，支柱产业地位逐步确定，支柱产业支撑作用越发明显，对整个国民经济发展的推动作用越来越突出。2018年，建筑业增加值达到6.2万亿元，是1978年的445倍，年均增长16.5%；占GDP的比重为6.9%，比1978年提高3.1个百分点；建筑业增加值对GDP的贡献率为8.2%，比1979年提高6.8个百分点。

建筑业企业创税能力显著增强，对财政的贡献更加突出。2018年建筑业企业上缴税收7624亿元，比1991年的43亿元增长了178倍，年均增速为21.2%；年人均上缴税收从403元增加到13703元，增长了33倍，年均增速为14%。2018年，建筑业企业缴纳税金占全国税收收入（扣除出口退税）的比重为5.5%，比1991年上升4.1个百分点。

（二）推动区域和城乡协调发展

工程建设行业的发展与区域建设紧密相关。新中国成立之初，百业待兴。20世纪50—70年代，随着国家经济的恢复和大规模经济建设的开展，工程建设行业在全国各地逐步发展起来。改革开放后，为充分发挥东部地区沿海的地理优势，国家鼓励东部地区率先发展，东部地区经济迅速崛起，地方工程建设企业如雨后春笋般成长起来。之后，随着国家西部大开发战略、中部地区崛起、东北老工业基地振兴战略的逐步实施，中部地区建设企业产值规模明显提升。

（三）服务和改善民生

建设成就惠及社会，为保障和改善人民生活发挥了重要作用。随着国家建设的步伐，工程建设行业圆满完成了一系列关系国计民生的重大基础建设工程，确保了我国农田水利设施加速推进，交通路网建设继续提速，信息和能源等设施建设迈上更高台阶，城乡医疗设施建设、校舍建设成绩显著，极大地改善了人民住房、出行、通讯、教育、医疗条件。2018 年，城镇居民人均住房建筑面积 39 平方米，比 1978 年增加 32.3 平方米；农村居民人均住房建筑面积 47.3 平方米，比 1978 年增加 39.2 平方米。2018 年，我国铁路营业里程达到 13.1 万千米，是 1978 年的 2.5 倍，其中高速铁路运营里程达 2.9 万千米以上。全国光缆线路总长度达 4358 万千米，移动通信基站 648 万个。全国建成普通高等学校 2663 所，是 1978 年的 4.5 倍。医疗卫生机构 99.7 万个，是 1978 年的 5.9 倍。

（四）积极承担社会责任

抢险救灾贡献突出。工程建设行业抗震救灾、对口援建等重大事件中，积极承担社会责任，做出了重要贡献。在 2008 年 5 月 12 日四川汶川发生的里氏 8.0 级强烈地震、2010 年 4 月 14 日青海玉树发生的 7.1 级地震后，全国各地建设企业和广大建设者自发捐款捐物；在当地政府的组织下积极投入援建工作，在艰苦的条件下，组织建设灾区群众的过渡安置房，解决灾区人民的迫切需要；在灾后对口援建过程中，在较短时间内，建设了一幢幢建筑、一个个崭新城镇，涉及住房、公共设施服务、文化、教育、基础设施和生态环境等工程，为受灾群众重新打造了崭新的美丽家园。

促进就业作用突出。新中国成立 70 年来，工程建设行业的健康平稳发展不断为社会提供新增就业岗位，成为稳定就业的重要力量。2018 年年底，全社会就业人员总数 7.8 亿人，其中，全国建筑业企业年末从业人员 5563 万人，是新中国成立初期的 278 倍，是 1980 年的 8.6 倍；建筑业年末从业人数占全社会就业人员总数的 7.2%，比 1980 年提高 5.6 个百分点。建筑业在吸纳农村转移人口就业、推进新型城镇化建设和维护社会稳定等方面继续发挥显著作用。江苏、浙江依然是从业人数大省，人数分别达到 811.0 万人、794.9 万人。

第三章

经验启迪

总结过去是为了更好地开辟未来。回眸新中国成立 70 年来工程建设的伟大成就，给人以诸多的思考、诸多的启示，总结好、运用好 70 年来的成功经验，对于我们奋斗新时代，推进工程建设行业实现高质量发展，为中华民族的伟大复兴再立新功，具有重要意义。

一是始终坚持党对行业的正确领导。党政军民学，东西南北中，党是领导一切的。新中国成立以来，工程建设行业由小到大、由弱到强，不断实现新发展、取得新成就，最根本的是坚持党对行业发展的正确领导。我们坚持以党的创新理论为指导，把工程建设的现场作为学习党的创新理论的课堂。"铁人"王进喜曾说过，大庆是靠"两论"起家的。越是建设发展的关键时期，我们越是注重用党的创新理论武装头脑。每当党和国家出台重大方针、做出重大决策，我们都认真组织学习宣传贯彻，搞好对企业对职工的学习培训。工程建设行业的广大职工，始终坚持党有号召，我们有行动，党指向哪里，就打向哪里，无论环境怎么艰苦，无论困难有多大，都千方百计去克服、去战胜，许多重大建设项目都是在战天斗地、顶风冒雪的恶劣环境下完成的。正是我们坚持了党的领导，才保持了建设发展的正确方向，才凝聚了人心、凝聚了力量，使社会主义制度的优越性得到充分彰显，使广大职工的积极性、创造性得到充分发挥。

二是始终坚持服务民生的根本宗旨。习近平总书记指出，人民对美好生活的向往，就是我们的奋斗目标。工程建设行业承担着国家基础设施建设的重要任务，自身的工作和事业关系国计民生、关乎人民福祉。70年来，我们始终坚持服务于国家经济建设的大局，无论是工程项目的分配还是施工任务的承担，无论是企业的改革还是产业结构的调整，都把维护国家利益、维护人民利益放在首位，自觉适应国家改革发展的要求；我们始终坚持民生优先，做好人民最关切的事情，建设了一批又一批住房、交通、医疗、教育、水利等基础设施，极大地保证和改善了人民群众的生产生活；特别是党的十八大以来，我们牢固树立新发展理念，大力推行绿色建造、绿色发展，把工程建设与保护生态环境相统一，把满足人民的物质需求与文化需求相统一，把提高建设速度与保证建设质量相统一，与时俱进地回应人民关切，满足人民对美好生活的向往。正因为如此，我们始终赢得了人民群众的拥护支持，在市场经济的大潮中有了搏击风浪的雄厚基础和强大力量。实践证明，人民的拥护就是我们的最大市场，服务人民就是我们不断发展壮大的根本。

三是始终坚持改革创新的建设理念。形势在变、市场在变、企业在变，工程建设行业也因势利导，顺势而变。

70 年来，工程建设行业始终把改革创新作为发展的第一动力，坚持用改革的办法、创新的思维解决建设发展中的难题。特别是改革开放，拓展了我们的视野，也赢得了我们创新的机遇，广大工程建设者以敢为人先的精神，树起了工程建设史上创新发展的一座座丰碑。从 3 天一层楼的"深圳速度"到每日掘进 50 米的盾构技术，从穿越海洋 55 千米的港珠澳大桥到打通海拔 4378 米的雀儿山隧道，从创新技术的推广到创新人才的培养，从企业的改制到应对市场机制的建立，从建造方式、工艺工法的改进到管理模式的改革，从境内谋求发展到"一带一路"倡议的践行，无不体现着工程建设行业改革创新的精神，无不体现着广大工程建设者的创新智慧。改革创新是我们施工企业应对市场挑战的关键一招，时代越是发展，越需要改革创新来为我们注入动力、增强活力。

四是始终坚持质量第一的价值导向。质量是兴国之道、强国之策。工程建设质量与人民群众的切身利益和生命安全息息相关，一直是社会、是民众关注的焦点，也是企业生存发展的"生命线"。70 年来，广大施工企业始终坚持"百年大计，质量第一"的建设理念，认真贯彻质量强国战略，从决策立项、施工组织、员工教育、工程验收等都把质量建设突出出来；大力开展群众性质量管理活动，实行全过程质量管理控制，把质量管理渗透到各个项目、各个点面、各个小组、各个岗位，贯穿工程建设的全过程、全生命周期；大力推广和运用质量管理的先进经验，依靠智慧工地、BIM 技术、智能设备等对工程质量实行精细化管理；建立完善促进质量管理的激励机制，依靠中国质量奖、国家优质工程奖等奖项的评比，激励企业争先创优，各行业、各地区、各企业都结合自身实际，完善加强质量管理的措施办法，推动了质量管理水平的大幅提高，精品制造、精品工程和精品服务成为企业的向往和追求，许多工程的建设质量达到国际领先水平。

五是始终坚持依法建设的底线思维。没有规矩不能成方圆。工程建设行业摊子大、战线长、人员多，面对庞大的建设规模，面对各类企业的责任主体，面对众多的管理人员和工程项目，我们在建设程序、生产管理、建造标准等工程建设各个方面探索建立了相对完善的标准、制度和规范；适应 WTO 基本规则、积极响应"一带一路"倡议，按照"走出去"的要求，不断完善对外承包工程合规管理体系，让企业的经营运作与国际市场接轨；按照《社会信用体系建设规划纲要（2014—2020 年）》精神，结合施工企业实际，制定诚信管理规范，开展信用评价，实施信用监管，引导企业加强诚信建设，依法合规经营，确保了工程建设行业的健康发展。

六是始终坚持合作共赢的发展思路。在激烈竞争的市场经济条件下，合作才能生存、合作才能发展、合作才能提高。合作共赢是时代的选择，也是应对市场挑战的选择。我们始终坚持用合作共赢的理念和思路处理相互关系、凝聚行业力量。70年来，特别是改革开放以来，广大施工企业在承揽国家重大建设项目、境外施工项目中，积极开展资金、技术、施工、管理上的合作交流，齐心协力攻克技术难关、解决发展难题。各施工企业积极打造与跨界企业的合作平台，在物资采购、设备生产、市场管理、客户服务、互联网技术运用等方面，形成产业链条，拓展新的产能，形成优势互补，在给企业带来效益的同时，也拓展了行业发展空间，壮大了发展力量。

第四章

大事年表

······································

新中国成立 70 年来，工程建设行业在党和国家的领导下，伴随着经济发展节律，承前启后，开拓进取，在管理模式、建造技术等方面不断改革创新，很多领域开了先河，建成了一大批具有划时代意义的战略工程，助推了中国经济快速发展。一些领域的建造水平由跟踪模仿实现了跨越领跑，达到国际领先或先进水平，成就了我国工程建设在国际舞台的基础地位。

一九四九年

10月1日 中华人民共和国宣告成立，开始中国发展新纪元，工程建设行业开启新的征程。

10月21日 中央人民政府政务院财政经济委员会（简称中财委）成立，建立总建筑处，负责指导、管理建筑业工作。

12月5日 毛泽东主席签署颁发《关于一九五〇年军队参加生产建设工作的指示》，指示军队参加生产，参加各项建筑工程。

一九五〇年

3月18日 北京市将分散的建筑劳动合作社组建成立建筑业劳动合作社联社，由6个合作社组成，社员770余人，承包各界建筑工程项目，并统一购料、设计、施工。

7月6日 中央人民政府政务院颁发《关于保护古文物

建筑的指示》，并随文颁发《古文化遗址及古墓葬调查发掘暂行办法》。

9月26日 京汉铁路黄河铁桥加固工程完工，开始通行大型机车，行车效率提高二倍以上。

12月1日 政务院第61次政务会议通过《关于决算制度、预算审核、投资的施工计划和货币管理的决定》，提出加强投资的计划性，所有建设项目必须审慎设计，做出施工计划、施工图案和财务支拨计划，并经过相应的各级人民政府批准后，方可拨款。明确规定了必须先设计后施工的工作程序。

1950年年底 辽宁锦西化工厂氯化苯工场和水银电解室两项工程进行冬季施工准备工作。1951年1月10—15日在零下27度的气温下，采用防冻剂和蓄热法，完成混凝土浇筑任务，在我国首次取得了冬季施工经验。

一九五一年

3月28日 政务院财政经济委员会颁发对基本建设工程管理的第一个立法性文件——《基本建设工作程序暂行办法》。

6月11—21 日 全国总工会召开全国建筑工会工作会议，研究建筑公司管理、集体合同等问题。分析了当时行业内存在的偷工减料、贪污、浪费材料等问题，提出要加强管理。

6月16日《人民日报》在一版头条报道东北第三造纸厂在进行基本建设时，由于设计不周，盲目施工，被迫更换厂址，造成巨大损失。

6月19日 中财委发出通知，要求各地基本建设工程进行一次普遍检查。重点检查设计未经批准已经施工的工程项目，并将检查结果报告中财委。在此期间，《人民日报》开展了"没有正确的设计就不能施工"的专题讨论，开辟专栏，先后刊登了七十多篇文章、报道、读者来信，集中批评了当时忽视正确的工程设计所造成的种种浪费现象。

7月 中共中央批示《全国建筑工会工作会议的总结报告》，要求各级党委必须迅速加强这方面的工作。

8月10日 政务院财政经济委员会发布《关于改进与加强基本建设计划工作的指示》，强调提出：一切新建工程，设计未经主管机关批准前，一律不得施工。

8月17日 北京市重新修订公布《北京市营造业管理暂行条例》，规定了营造业必须有固定的资金、固定的技术人员和固定的建筑工人，根据各个建筑公司拥有的资金和技术力量，确定公司的不同等级，划定各自的经营范围。这一条例的制定，有利于取缔既无资金又无技术的投机商和某些营造商偷工减料、转包工程等不法行为，推动营造业逐步走上正轨。

8月26日《工人日报》发表社论：《坚决废除建筑业中的封建把头制度》。

一九五二年

1月9日 政务院财政经济委员会主任陈云正式发布命令，颁发《基本建设工作暂行办法》，并附"各种事业基本建设的限额"的规定。

2月1日 毛泽东主席亲自签署命令，中国人民解放军部队八个师转为中国人民解放军建筑师。

4月15日 中央发出《关于集体转业部队的决定》，决定将工程部队划归中财委各业务部门领导。

5月12日 东北工业部建设公司哈尔滨工程处宣布创造了"分段砌砖法"，在此带动下，"循环砌砖法""抹灰流水作业法""木工流水作业法"相继出现，涌现了新中国建筑史上第一代劳动模范。

7月1日 成渝铁路全线通车。宝成铁路开始修建。

8月7日 中央人民政府委员会第 17 次会议通过《关于调整中央人民政府机构的决议》，决议成立建筑工程部。

9月 建筑工程部召开全国性的城市建设座谈会，讨论《中华人民共和国编制城市规划设计与修建设计程序（草稿）》，决定在建筑工程部设立城市建设局，统一城市建设计划与技术指导；在各大区建筑工程局下设立城市建设处（1953 年 5 月 12 日由中共中央通知改设在各大区财委下）；并在各重点城市成立城市建设委员会，领导城市规划设计和监督检查工作。

10月17日 塘沽新港第一期工程完工并正式开港。

11月18日《人民日报》发表社论《把基本建设放在首要地位》，并报道：10 月 22 至 23 日政务院财政经济委员会召开基本建设会议，陈云主任指示迅速调集干部，充实工作机构。

12月17—30日《人民日报》连续发表社论：《大规模建设必须抓住主要环节》《目前基本建设准备工作的关键在于设计》《做好基本建设的冬训工作》，并报道政务院财政经济委员会召开会议，讨论基本建设准备工作。

一九五三年

3月4日 建筑工程部召开第三次全国建筑工程工作会议，确定建筑工程按五类排队，即国防、重工业、文教、一般财经机关和一般机关。要求保证主要工程，整顿与巩固现有力量，有计划地培养后备力量。

3月27日 政务院财政经济委员会召开会议，讨论设计问题。按当年基建工作量计算，需要设计人员2.5万~3万人，实际只有1.6万人，提出加强对设计工作的组织领导，充实人员，提高效率。

4月28日《人民日报》发表社论《必须量力而行》，指出基本建设存在计划偏高问题，强调量力而行。

5月1日 青藏公路修建工程举行破土动工典礼。

5月15日 中苏两国在莫斯科签订了《关于苏维埃社会主义共和国联盟政府援助中华人民共和国中央人民政府发展中国国民经济的协定》，累计将帮助我国新建和改建141项工程。

7月15日 第一汽车制造厂在长春开工建设。

9月7日 中共中央作出《关于中央建筑工程部工作的

决定》。决定指出：建筑工程部的基本任务应当是工业建设，要努力建设一支具有良好政治素质、高度技术的工业建筑队伍，并逐步使之机械化。应该是在发展生产、提高劳动生产率的基础上，使工资福利适当地逐步增加。

10月12日 政务院颁发《关于在基本建设工程中保护历史及革命文物的指示》。

10月27日 我国第一座现代化的无缝钢管厂——鞍山钢铁公司无缝钢管厂建成，试轧出无缝钢管。我国历史上的第一根无缝钢管诞生。

11月18—25日 重工业部和建筑工程部联合召开"使用多品种多标号水泥先进经验推广大会"。建筑工程部副部长万里在报告中指出了生产与使用多品种多标号水泥对国家建设的重大意义和推广使用的注意事项。

12月5日 政务院命令公布《关于国家建设征用土地办法》，其中规定凡属有荒地、空地可资利用的，应尽量利用，而不征用或少征用人民的耕地良田。

一九五四年

1月4日 建筑工程部召开首届部队训练会议，总结部队转业以来的工作经验，根据部队将要担负的建设任务，确定了部队训练方针，并通过了《1954年部队训练计划》。根据计划，各建筑工程部队先后开展了技术和文化学习。

1月20日 建筑工程部召开建筑机械专业会议，检查上年度机械使用情况和存在的主要问题；研究当年重点工程的机械化施工任务和计划的编制与平衡、机械投资分配、技术工种培养计划及机械分级管理等问题。

1月23日 我国第一条220千伏高压输电线路——松东李线输电工程建成投产。

2月1日 国家建委批复建筑工程部，同意建筑工程部1954年起实行包工包料，包括省市建筑企业承包第一机械工业部、第二机械工业部、燃料工业部工程在内。复电指出：包工包料对于提高建筑企业的管理水平和促进建筑企业的经济核算都是有利的，而且可以节省人力、物力，减少材料积压浪费，便于进一步提高建筑材料供应的计划性。

对包料范围、因材料积压引起的损耗处理、材料周转资金、工程预付款等问题都作了规定。

2月20日—3月1日 建筑工程部召开建筑工程部队首届功模代表会议，出席会议的有各师选出的在生产、学习、政治和后勤工作等方面有显著成绩的功模代表168人。会议中，朱德总司令亲临讲话，指出：建设事业是"万岁事业"，担负建设任务是非常光荣的。

2月26日 建筑工程部召开了全国第五次建筑工程会议。会议提出：加强科学管理，建立责任制和经济核算，推行计件工资。

4月5—14日 建筑工程部召开第二次统计工作会议，确定了统计工作要"面向生产，掌握重点，照顾全面，稳步前进"的方针。

5月13日 中国第一座大型山谷水库——北京永定河官厅水库竣工。

5月15日 建筑工程部召开材料工作会议，研究加强计划管理、降低成本，推广包工包料经验以及各区域建筑工程局材料平衡和地方材料生产供应等问题。

10月12日 中苏两国政府签订协议，苏方帮助中国新建15项工业工程，加上原有协定规定的141项工业工程，共为156项。

11月8日 国家建设委员会正式成立。

12月25日 康藏公路、青藏公路同时建成通车。康藏公路全长2255千米，青藏公路全长2100千米。

一九五五年

1月18日 我国第一座精密机械制造厂——哈尔滨量具刃具厂举办工程验收和开工生产典礼。

2月4—24日 建筑工程部召开设计施工工作会议，总结经验和成就，确定了本年度的工作方针和任务。对设计与施工工作中存在的缺点和错误，进行了批评和自我批评。

3月16日 建筑工程部颁发《1955年建筑安装工程总承包与分承包试行办法》。

3月26日 国防部颁发《关于建筑工程部队改为企业组织的命令》。

3月28日《人民日报》发表社论《反对建筑中的浪费现象》。

6月27日，建筑工程部发布：《建工部关于贯彻中央厉行全面节约指示的指示》《建筑工程部关于本部基本建设厉行全面节约的指示》《建筑工程部关于采取技术措施，修改当前设计以降低建筑造价的指示》。

6月30日 国家建委负责人发表广播讲话：《反对铺张浪费现象，保证基本建设工程又好又省又快地完成》。强调：没有计划任务书，不准进行初步设计；没有初步设计，不准进行技术设计；没有批准技术设计，不准交付施工图。

7月1日 兰新（兰州至新疆）铁路黄河大桥落成并正式通车。

7月20日 新中国成立后修建的第一座公铁两用的长江大桥——武汉长江大桥正式开工兴建。

9月20日 设计能力为90万吨/年的新中国成立后建成的第一座竖井——黑龙江鹤岗东山竖井移交生产。投产后被国家煤炭部命名为"新一煤矿"。

11月1日 兰新铁路兰州至张掖段开始通车。

一九五六年

1月25日 武汉钢铁公司动工兴建。它是我国第二个大型钢铁联合企业。

2月 国务院颁发《关于长期保护测量标志的命令》。

3月30日 国家建设委员会颁发《建筑安装工程施工及

验收暂行技术规范》，要求 10 月 1 日起开始实行。规范主要内容系采用苏联 1955 年的条文酌加补充和注解而编成的。

5 月 8 日 国务院常务会议通过发展建筑业的三个重要文件：《关于加强和发展建筑工业的决定》《关于加强设计工作的决定》《关于加强新工业区和新工业城市建设工作中几个问题的决定》。

5 月 12 日 全国人民代表大会常务委员会 40 次会议通过，决定设立中华人民共和国城市建设部，任命万里为部长。

10 月 15 日 长春第一汽车制造厂第一期工程正式投产。总投资额 6.6 亿元，生产能力 3 万辆/年。

10 月 18 日 我国第一座现代化电子管厂——北京电子管厂建成正式开工生产。

一九五七年

1 月 陈云同志在全国省、自治区、直辖市党委书记会议上讲话，提出了"建设规模要和国力相适应"的重要指导思想。讲话指出："建设规模的大小必须和国家的财力相适应。适应还是不适应，这是经济稳定或不稳定的界限。"

3月9日 建筑工程部召开第一次预应力钢筋混凝土技术交流会议，决定在太原建立预应力钢筋混凝土研究基地。

4月13日 黄河三门峡水利枢纽工程开工。

10月8日 我国第一个石油天然气基地——玉门油矿基本建成。

10月15日 武汉长江大桥正式建成通车。

12月29日 湖南衡阳湘江大桥正式建成举行通车典礼。

一九五八年

1月1日 宝成铁路建成通车。

1月6日 国务院公布《国家建设征用土地办法》。

2月11日 第一届全国人民代表大会第五次会议通过《关于调整国务院所属组织机构的决定》，撤销国家建设委员会，国家建设委员会管理的工作，交由国家计划委员会、国家经济委员会和建筑工程部管理。建筑材料工业部、建筑工程部和城市建设部合并为建筑工程部。

4月15—23日 建筑工程部召开地方建筑设计会议。会议主要研究了地方设计单位如何转向工业设计的问题，同时制定了五年规划和贯彻"多快好省"方针的具体措施。

4月22日 位于首都天安门广场的人民英雄纪念碑落成，5月1日正式揭幕。

6月27日—7月4日 全国城市规划工作座谈会和中国建筑学会"青岛市城市规划与建筑"专题学术座谈会在青岛召开。梁思成同志作了题为《青岛市生活居住区的规划和建筑》的报告。会上产生了《城市规划工作纲要三十条（草案）》。建工部负责人作了总结报告，阐述了一些基本政策问题：关于如何从全面出发进行城市规划和建设问题；关于大、中、小城市相结合，以发展中小城市为主，在大城市周围建立卫星城市的问题；关于从实际出发，逐步建立现代化城市的问题；关于城市规划标准、定额问题；在适用、经济的基础上注意美观的问题；近期规划和远期规划问题；关于旧城市利用和改造问题；关于县镇规划与建设问题等。

7月5日 国务院全体会议第78次会议通过《国务院关于改进基本建设财务管理制度的几项规定》，确定实行投资包干。

7月15日 武钢炼钢厂开工兴建。

8月1日 包兰铁路建成并开始运行。

9月23日 建筑工程部党组在给中央的《关于普遍推行快速施工》报告中，提出"以快速施工为纲"，要求把快速施工由"尖端""卫星"阶段发展为"大面积丰收"。

9月30日 富拉尔基重型机械厂胜利完工,工期27个月,比原定进度提前15个月。

10月12日 国家基本建设委员会成立。

一九五九年

2月7日 黔桂铁路全线通车。

2月28日《人民日报》发表社论:《基本建设要全面贯彻多快好省的方针》。

8月11日 建筑工程部党组向中央作了《关于当前建筑安装工作中的几个问题》报告。报告提出,今年劳动生产率比去年同期有所下降,这与实行计件工资后奖励制度没有跟上有一定关系。奖金一般要按基本工资的5%~10%提取,奖励面不能少于计时工人的70%。

8月24日 人民大会堂经过14000多名建设者的创造性努力,以十个多月的速度建成。建筑面积171800平方米,中央最高部位为45米。

9月4日 北京华侨大厦建成。大厦中部为8层,两翼为7层,建筑面积13300平方米。

9月8日 民族文化宫在北京建成。建筑面积30700平方米,中央部分为13层,高67米。

9月15日 北京站举行落成典礼,并正式投入使用。副总理薄一波、北京市副市长乐松生、铁道部副部长武竞天等参加典礼并讲话。

9月25日《人民日报》就首都一批雄伟的现代化公共建筑落成发表社论《大跃进的产儿》,盛赞"这是我国建筑史上的创举"。

9月26日 天安门广场扩建工程竣工,由原来的11万平方米扩大为40万平方米。

11月1日 洛阳拖拉机制造厂建成投产。

11月4日 国务院财贸办公室、国家计委、国家建委联合作出决定,收回建筑工程劳动定额管理权限,解决1957年下放省区市管理后地区企业间口径、水平不一的矛盾,由建筑工程部实行统一编制和统一管理。

12月10日《人民日报》发表社论《基本建设必须坚持集中力量保证重点的方针》。

一九六〇年

2月16日《人民日报》报道：北京市第三建筑工程公司木工青年突击队队长李瑞环，运用三角、几何原理，创制出一套木工简易计算表和角度尺，改进了木工操作程序，使生产效率成倍增长。

4月2日 建筑工程部在全国建筑职工技术革新和技术革命会议上提出，行业实行"两快"，大搞"六化""12条龙"，推广"五种新结构""十种新材料"，"大搞多种经营和综合经营"，以推进建筑工程和市政工程的全面技术改造。

7月16日 苏联政府单方通知我国政府，决定在一个月内撤走全部在华专家，停止执行已签订的协定和合同，给我国建设造成许多困难。

9月10日 建筑工程部党组就城市规划问题向中央写报告，提出今后城市建设的基本方针，应以发展中小城市为主，努力实现城市园林化。

10月 国家建委在上海召开设计工作会议。会议指出，我国设计已由学习苏联逐步走向独创设计的道路，强调两条腿走路，土洋结合，贯彻群众路线，注意三结合。

一九六一年

4月26日 全国科协、铁道部、建筑工程部等单位，在北京联合召开著名工程师詹天佑诞生100周年纪念会。

7月26日 梁思成教授在《人民日报》发表《建筑和建筑艺术》的学术论文。七月份《建筑学报》发表梁思成教授题为《建筑创作中的几个重要问题》的论文，提出了对待民族遗产应采取"认识–分析–批判–继承–革新–运用"的态度。

8月31日 北京市土木建筑学会规划组和民用建筑组，联合举办了建筑群艺术布局问题的讨论会，以北京民族文化宫、民族饭店和水产部办公楼三个建筑构成的群体作为实例，讨论了建筑群的统一性与整体性、建筑群体的布局以及民族文化宫的位置三个问题。不少同志阐明：几个建筑物放在一起应有一个基调，形成整体，使体量、风格、色彩等方面形成统一；相邻建筑则采取对比、映衬等手法来体现其统一性。有人认为，群体的三建筑，各具风格、色彩迥异，互不协调。也有人认为，现在的布局，恰好体现了中国传统的"含蓄"手法。

10月 建筑工程部设计局根据《国营工业企业工作条例（草案）》，即"工业七十条"的精神，拟定《设计工作条例》总结三年来的经验教训，提出设计单位不搞群众运动，应先破后立，努力创造建筑新风格，并提出较大的建筑物应在适当地方标明设计单位。

11月 建筑工程部召开厅局长扩大会议，贯彻"工业七十条"精神和"调整、巩固、充实、提高"的八字方针，总结三年来的经验教训。会议指出：过去设计方面片面节约，不适当地降低结构质量；施工方面片面求快，放松了质量管理；以及实行了所谓"三边"（边设计、边施工、边投产）等不正常做法。要求各单位按照能进则进、该退则退的精神，积极安排生产；建筑企业要抓紧搞好奖励工作，克服平均主义，实行综合超额奖或综合奖，适当恢复一些单项奖，适于计件的应实行计件；努力提高技术水平，加强企业管理工作。

一九六二年

4月8日 梁思成教授在《人民日报》发表《拙匠随笔——建筑U（社会科学U科学技术U美术）》。文中指出，两千年前，罗马的一位建筑理论家特鲁维斯曾经指出：建筑的三要素是适用、坚固、美观，必须三项具备，才够得上一座好建筑。4月29日在《人民日报》继续发表《拙匠随笔——建筑师是怎样工作的?》，提出了建筑师在设计工作中存在的问题和困难。

8月23日 劳动部、建筑工程部联合颁发试行1962年编制的《建筑安装工程统一劳动定额》，这个定额比1956年施工定额有了改进，总水平提高4.58%，项目增加到10524个。

10月 建筑工程部颁发《建筑安装企业工作条例》（简称"建安一百条"），结合建筑业实际情况贯彻"工业七十条"精神。条例规定，建立以总工程师为首的技术责任制，提出实行计件工资、综合奖以及各种单项和特殊奖励，加强基层管理，贯彻按劳付酬原则等，以恢复前几年破过了头的规章制度和生产秩序。

一九六三年

2月1日 建筑工程部作为国家机关的试点单位，进入"五反"运动准备阶段。3月1日中央正式下达《关于厉行增产节约，反对贪污盗窃、反对投机倒把、反对铺张浪费、反对分散主义、反对官僚主义的指示》。3月14日部机关进行阶级教育，正式开始"五反"运动。5月13日开始动员"揭盖子"，运动逐步深入。

3月25日—4月5日 建筑工程部召开建筑工程厅（局）长扩大会议。会议总结了两年来的工作经验，要求继续推动生产，以提高质量、提高劳动生产率为中心，整顿企业管理秩序。提倡专业管理，推行承发包制度。

7月31日 精简职工工作在全国范围内基本结束。从1961年到1963年6月，全国共精简职工1887万人。其中，工程建设行业减少364万人。

9月22日 新安江水电站建成发电。

一九六四年

1月13日 刘裕民副部长在《建筑》杂志发表题为《大力进行建筑业的调整与提高工作》的文章。文章指出：国民经济调整工作取得巨大成就，已经出现国民经济全面好转的形势。目前建筑业的主要问题是：劳动生产率低，技术装备差；建筑材料品种不全，工艺落后；工业与民用建筑装配化程度很低。他提出，在最近两年内，除抓紧政治思想工作外，应建立两个好的基础：一是建筑业的各个方面有一个新的技术基础，二是企业的经营管理工作有一个经济核算的基础。

1月22—28日 建筑工程部召开建筑安装工作会议。着重讨论了学习解放军、学习石油部，加强政治思想工作，发扬革命精神，多快好省地完成国家建设任务。

5月7日 国务院颁布《关于严格禁止楼堂馆所建设的规定》，7月29日又颁布了补充规定。

7月13日 建筑工程部调研室发表对建工部第六工程局的调查《基层管理工作中的几点新做法》，向施工大队只下形象进度与实物量指标，不下达工作量指标；建立工人操作岗位责任制；加强施工任务书的管理；将中小型机械下放基层，建立管用相结合的管理制度。

10 月 13 日《建筑》杂志发表江平题为《首都建筑施工十五年》的文章，阐述了首都建筑业在施工技术方面的改进，除去完成结构复杂、技术要求严格、艺术标准高、设备先进的十大工程以外，13 层的民航办公大楼全部采用框架整体装配化结构，在一个 60 米大跨度的库房工程上采用了提升法，工人体育馆工程采用了 94 米跨度悬索结构。此外，预制墙板采用成组立模生产，在民用工程上推行了震动砖墙板。

10 月 全国计划工作会议提出，改革基本建设管理体制，取消工地甲乙方，取消货币工作量。

11 月 1 日 中央批示国家建委报告：要在明年 2 月召开全国设计会议之前，发动所有的设计院，投入群众性的设计革命运动中去，充分讨论，畅所欲言。以三个月的时间，进行几次检查、督促，注意总结经验。

1964 年 从这一年开始，建筑业以优势力量进行内地建设。8 月中旬，中央书记处召开会议讨论研究内地建设问题。8 月 17 日、20 日毛泽东主席在谈话中指出，要准备帝国主义可能发动侵略战争，要建立自己的战略后方。据此会议决定，首先集中力量建设内地，在人力、物力、财力上给予保证。12 月 7 日，国家计委在第三个五年计划初步设想中提出，在"三五"期间，加快以攀枝花、酒泉和重庆为中心的建设；增加成昆第五条铁路干线；增加省、市自治区的后方建设。为贯彻中央决定精神，建筑工程部调整力量部署，1965 年在成都、重庆、渡口、贵阳、西安、龙凤、兰州、北京等地重新组建了八个工程局，参加内地建设。从 1964 年到 1972 年，全国 50% 以上的基本建设投资用于内地建设，建成几百个大中型骨干企业。全国建筑职工为内地建设付出艰辛劳动。

一九六五年

1 月 13 日 建筑工程部副部长刘裕民，在《建筑》杂志第一期上发表题为《设计工作必须走革命化的道路》的文章。同时发表建筑工程部所属勘察设计部门的设计人员讨论"用革命精神改进设计工作"的详细报道，评述自上年 11 月中旬起各单位的学习讨论情况。

3 月 16 日—4 月 4 日 国家基本建设委员会主持召开全国设计工作会议，对进行了五个多月的设计革命运动进行总结和研究。会议提出，设计革命的奋斗目标是培养一支用毛泽东思想武装起来的设计队伍。根据五个多月的实践，必须解决五个方面的问题：首先，要在设计工作中坚持政治挂帅的原则；其次，树立深入实际、联系群众的革命化作风；第三，改革不合理的规章制度；第四，整顿设计队伍和选拔新生力量；第五，健全设计工作的领导机构，加强对设计工作的领导。

3月31日 全国人大常委会举行第五次会议，决定设立国家基本建设委员会，将建筑工程部分为建筑工程部和建筑材料工业部。

5月5—17日 建筑工程部召开建筑工程厅（局）长扩大会议，全面部署所属企业工作。保重点、保质量、保投产，全面完成国家建设任务，为"三五"计划的建设工作做好准备。

6月 国家计委向毛泽东主席汇报"三五"计划时，毛主席提出"备战、备荒、为人民"的战略方针，下半年起在大西南地区开始内地建设。建筑工程部的直属力量陆续调往四川、云南、贵州等地区，承担内地建设任务。

一九六六年

2月1日 国家建委批转建筑工程部《关于住宅、宿舍建筑标准的意见》，指出：非生产性建设，要发扬延安作风，贯彻"干打垒"精神，适当降低民用建筑标准。

2月1日—3月15日 技术革新技术革命成果展览会举办，展出成果八百余项，并分批举办喷涂抹灰等五个专业的技术交流活动。

2月20日 中共中央批转国家建委《关于施工队伍管理问题的报告》。报告提出，对全国现有300万人的施工队伍（集体所有制建筑企业的七八十万人除外），分期分批进行整顿和改编，逐步实现统一管理、统一调度。施工队较多的冶金、建工、煤炭、水电等部在西南、西北地区的施工企业中，建立五个基本建设工程师，进行军事化试点。其他地区开始抓施工队伍的整顿工作，还有一些单位在进行工役制和亦工亦农的试点。

5月16日 中共中央发出开展"文化大革命"的通知（即"5·16"通知），从此我国陷入为时十年之久的动乱之中。

8月1日 中国人民解放军基建工程兵正式成立。

10月5日 国家计委、国家建委、财政部以〔66〕基施字276号文发出《关于建工部直属施工队伍经常费用开支暂行办法的复文》，自1967年开始试行。根据这一文件，建工部直属施工队伍所需的工资和管理费，由国家从基本建设投资中直接拨款，工程材料费、施工费按实报销，建筑业核算制由此废除。之后部分省市施工单位亦陆续试行。

一九六七年

7月1日 建筑工程部实行军事管制。

一九六八年

12月25日 富春江水电站建成发电。

12月29日 当时我国最长的长江大桥——南京长江大桥全面建成通车。铁路桥全长6700米，公路桥全长4500米，是继武汉和重庆白沙沱长江大桥之后的第三座跨江大桥。

一九六九年

9 月 设计能力年产 10 万辆载重汽车的第二汽车制造厂在湖北省十堰市动工兴建。

10 月 8 日 江苏沭阳新沂河 1267 米双曲拱公路桥建成通车。

11 月 6 日 国家建设委员会、建筑工程部、建筑材料工业部的军管会，联合向中央提出合并国家建委、建筑工程部、建筑材料工业部，成立国家基本建设委员会的报告。

一九七〇年

5 月 14 日 国家建委、建工部、建材部军管会（简称"一委两部军管会"），再次提出将国家建委、建工部、建材部、中央基建政治部合并，成立国家基本建设委员会。

7 月 1 日 根据中央发出的精简机构下放企业的文件，建工部、建材部与建委合并，原建筑工程部直属的建筑施工、勘察设计、科学研究、大专院校等企事业单位，绝大部分下放到地方，原有 38.2 万人下放了 29.1 万人。

7 月 1 日 成昆铁路建成通车，全长 1085 千米。

12 月 我国自主设计的大型钢铁联合企业——攀枝花钢铁联合企业，在四川省渡口市建成并投产。

一九七二年

1 月 9 日 著名建筑学家、清华大学建筑系系主任、全国政协常务委员、全国人大代表、中国科学院学部委员梁思成逝世。

2 月 杭州机场停机楼建成并投入运营。建筑面积 6000 平方米，投资 354 万元，从勘察设计到建成不到两个月。

5 月 30 日 国务院批准国家计委、国家建委、财政部《关于加强基本建设管理的几项意见》，针对存在的战线长、浪费大、制度松弛等问题，提出八项改进意见。

6 月 甘肃刘家峡水电站至山西眉县的刘天官输电线建成输电，输电能力为 42 万千瓦。

10 月 13 日 湘黔铁路建成通车，全长 900 多千米。

11 月 国家建委召开设计工作座谈会，提出"克乱求治"，加强管理，建立责任制。会上提出了"设计工作十三条"。

1972年 我国从日本、美国、法国等引进的14套大型化工项目陆续开工。这批以石油天然气为原料的化工项目中，有化肥装置13套，乙烯装置1套，投资总额为57.5亿元。

一九七三年

1月31日 国家计委、国家建委、财政部联合颁发《关于改变经常费办法，实行取费制度的通知》，为促进建设单位和施工单位的经济核算，决定自1973年1月1日起，凡实行经常费的建筑安装企业，改为取费制，国家不再直接拨给经常费。取费办法，暂按建筑安装工作量26%收取工资和管理费。有条件的也可采取建筑安装工作量包干。远离大中城市的山区建设工程，可增加一定系数，由各省、市、自治区建委（基建局）规定。

10月2日 吉林省前扶松花江预应力钢筋混凝土梁式公路大桥建成通车，全长1389米。

一九七四年

5月6日—6月7日 国家建委在北京召开全国基本建设会议。会议期间就建筑业的技术革新和技术改造问题进行了座谈，提出发展施工机械化；发展新材料，积极进行墙体改革；改革工艺，提高施工生产技术水平；巩固和发展结构改革成果；抓好设计定型化和标准化。

9月5—16日 中国建筑科学研究院在北京召开全国住宅设计经验交流会。各省、自治区、直辖市建委、国务院各有关部委及部分高等院校代表98人参加，有22位代表发言。会议着重讨论以下几方面的问题：一、坚决贯彻勤俭建国方针，认真执行住宅建筑标准；二、进一步提高住宅设计水平，当前应以一室半户为主要户型，适当搭配一室户或二室半户，大力推广标准设计；三、搞好住宅区规划，节约用地；四、逐步提高住宅建设的工业化水平；五、搞好住宅统建工作，实行"六统一"（规划、设计、资金、材料、施工、分配）的办法应予推广；六、重视农村住宅建设。

12月27日 大庆至秦皇岛输油管道建成，全长1152千米。

一九七五年

2月4日 1964年开工建设的刘家峡水电站建成投产。总发电能力122.5万千瓦，一年发电7亿多度。

7月1日 宝成铁路电气化工程建成通车，是我国第一条电气化铁路。

7月8日 秦皇岛至北京输油管线建成，大庆原油可直通北京，管线全长1507千米。

11月14日 甘肃八盘峡水电站建成发电，装机容量18万千瓦。

12月24日 焦枝铁路（河南焦作至湖北枝城）建成通车，全长753千米。

一九七六年

1月8日 宁夏吉兰泰盐场建成，总面积120平方千米，是我国第一座机械化盐场。

3月13日 山东莱芜电厂建成投产。

6 月 大连油港建成投产，是我国第一座十万吨级深水油港。

6 月 19 日 上海黄浦江大桥建成通车。

7 月 28 日 凌晨 3 时 42 分，河北唐山、丰南一带发生 7.8 级强烈地震。震中烈度为 11 度，震中地区房屋几乎全部倒平，钢筋混凝土结构的胜利桥，桥墩折断、桥面下落；铁路机车车辆厂的钢结构厂房大部倒塌。

11 月 24 日 毛泽东主席纪念堂在北京天安门广场奠基。

11 月 国家建委在北京召开抗震工作会议，总结交流唐山地震的经验教训。

一九七七年

3 月 北京市第六建筑公司一工区第二施工队，为庆祝粉碎"四人帮"的伟大胜利，决心在承担的 618 厂一幢宿舍楼工程上，打一个质量好、工期快、安全、节约、工效高的翻身仗，队里把这个工程叫"全优工号"。工程竣工后实现了预定目标，公司命名为"全优工号"，总结了这一经验，并召开现场会向全公司推广。从此，开展了创全优竞赛活动。

8月29日 毛主席纪念堂建成。

10月27日 国家建委颁发《关于保证基本建设工程质量的若干规定》。

12月15日 合肥骆岗机场建成通航，这是我国第一座大型国际备降机场。

12月19日 鞍钢新建的年产生铁150万吨高炉投产。

12月20—29日 国家建委在北京召开了全国施工工作会议，提出要抓好企业整顿，保重点、保竣工、保投产，加强对县以上集体所有制施工队伍的领导，并决定在南宁、常州两市进行建筑工业化试点。

一九七八年

3月6—8日 国务院在北京召开第三次全国城市工作会议，会议提出：大城市的规模要控制，小城镇要多搞；认真抓好城市规划工作；加速住宅及市政公用设施的建设。会议研究制定的《关于加强城市建设工作的意见》经中央批准颁发，文件决定加速住宅及市政公用设施建设。从1979年起，在47个城市试行每年从上年工商利润中提成5%作为城市维护和建设资金，其中拿出一定比例用于治理城市"三废";大力开展综合利用,防止污染保护环境。

3月11日 国务院同意国家计委、建委、经委、上海市、冶金部《关于上海新建钢铁厂的厂址选择、建设规模和有关问题的请示报告》,决定从日本引进成套设备,在上海宝山县新建钢铁厂。

3月14日 国家建委、财政部联合发布《施工企业经济核算暂行办法》。

3月18—31日 全国科学大会在北京召开。建筑科技方面获奖项目176项。

6月1日 襄渝铁路(湖北襄樊至重庆)建成通车,全长916千米。

7月1日 我国第一座抗高烈度地震公路桥——河北滦河新桥竣工通车,桥长979米,能防10度烈度地震。

7月3日 中国政府照会越南政府:中国被迫停止对越经济技术援助,调回尚在越工作的中国工程技术人员。从70年代末开始,中越关系出现严重摩擦,越南发生驱赶华侨事件,中越边界气氛紧张。

7月 国家建委施工管理局及建筑科学院在新乡市召开建筑工业化规划工作会议。讨论了今后八年逐步实现建筑工业化的步骤和政策措施问题。

9月7—13日 国家基本建设委员会在北京召开城市住

宅建设工作会议。这是新中国成立以来召开的第一次住宅建设工作会议。会议指出，加快城市住宅建设，必须充分发挥国家、地方、企业和群众等各方面的积极性。

10月 邓小平访问日本，乘坐世界上第一条投入商业运营的高速铁路日本新干线列车，感慨地说："就感觉到快，有催人跑的意思，我们现在正合适坐这样的车。"

10月19日 国务院批转国家建委《关于加快城市住宅建设的报告》，国务院指出，加快城市住宅建设，迅速解决职工住房紧张的问题，是关系到发展生产、改善人民生活、发展安定团结大好政治形势的一件大事。到1985年，城市平均每人居住面积达到五平方米的目标，一定要力争实现。认真落实投资、材料，把住宅建设搞上去。

10月20日 邓小平同志在北京视察前三门高层住宅建筑时指出：今后修建住宅楼时，设计要力求布局合理，增加使用面积，更多地考虑住户的方便。如尽可能安装一些淋浴设施等。要注意内部装修美观，多采用新型轻质建筑材料，降低房屋造价。

11月18日 国家建委和中华全国总工会在北京召开京、津、唐三市建筑业开展创"全优工号"社会主义劳动竞赛动员大会。北京市六建一工区介绍开展创"全优工号"劳动竞赛和实行"全优综合超额奖"的经验。

11 月 27 日 攀枝花钢铁工业基地第一期工程建成投产，该基地于 1965 年动工兴建。

12 月 23 日 我国新建的大型钢铁基地上海宝山钢铁厂举行开工典礼，宝钢建设打下第一根桩，成为开启新的现代化建设的标志性一幕。

一九七九年

2 月 15 日 中国建筑工程公司宣布正式成立。

3 月 12 日 国务院发出成立国家建筑工程总局和城市建设总局的通知。

3 月 沈阳市建筑工程局借鉴农业联产承包的经验，实行层层经济包干的管理办法，并订出奖罚办法，为建筑业的体制改革、探索用经济办法管理企业提供了经验。

6 月 4 日 唐山陡河电站第一、二期工程竣工。

6 月 27 日 现代化大型石油化纤联合企业——上海石油化工总厂第一期工程建成投产。

9 月 2—24 日 国务院财经委员会连续召开会议，讨论 1980 年、1981 年的计划安排。陈云于 9 月 18 日在财经委召开的汇报会上作了重要讲话，指出经济的调整是必要的，基本建设投资必须是无赤字的。

9月29日 首都国际机场候机楼及配套工程竣工，并举行落成典礼，建筑面积近20万平方米。

10月 国家建工总局颁发1979年《建筑安装工程统一劳动定额》，共27册，16092个项目，66281个子目。定额总水平按可比项目计算，比1966年提高4.39%。这是第四次修订建筑安装工程统一劳动定额。

一九八○年

1月9日 乌江水电站基本建成，装机容量为63万千瓦，发电量为33亿4000万度。

1月28日 辽河油田建成，原油生产能力为500万吨，天然气17亿立方米。

3月21日—4月14日 国家建委召开全国基本建设工作会议，讨论基本建设战线如何进一步贯彻调整、改革、提高的方针问题。

4月2日 邓小平同志同中央负责同志谈关于建筑业和住宅问题，他说：从多数资本主义国家看，建筑业是国民经济的三大支柱之一，这不是没有道理的。建筑业是可以赚钱的，是可以为国家增加收入、增加积累的一个重要产业部门。在长期规划中，必须把建筑业放在重要地位。建筑业发展起来，就可以解决大量人口就业问题，就可以多盖房，更好地满足城乡人民的需要。关于住宅问题，要考虑城市建筑住宅、分配房屋的一系列政策。城镇居民个人可以购买房屋，也可以自己盖。邓小平同志的这一重要讲话，由姚依林副总理于 4 月 13 日在全国基本建设会议上讲话时传达。

4 月 5 日 国家建委、中华全国总工会、国家建工总局、国家劳动总局、中国人民银行在北京联合召开京津唐三市基建施工企业创全优工程竞赛表彰大会，给 31 个创全优工程的先进单位发了锦旗。

4 月 9 日 中央财经领导小组听取全国基本建设会议工作汇报，讨论并原则批准了扩大国营施工企业经营管理自主权，实行利润留成方案。

5 月 4 日 国家建委、国家计委、财政部、国家劳动总局、国家物资总局以（80）建发施字 185 号文，联合颁发《关于扩大国营施工企业经营管理自主权有关问题的暂行规定》，这是建筑业进行体制改革的第一个法令性文件。

5 月 8 日《人民日报》报道，广州设计院总设计师佘畯南、副总设计师莫伯志等设计的白天鹅饭店的设计方案，以独特的构思、新颖的设计博得中外赞誉。

6月7日 国家建工总局下发《直属勘察设计单位实行企业化收费暂行实施办法》，提出勘察设计单位与建设单位实行经济合同制，规定了取费率与拨款办法。这是我国设计单位改革依靠国家财政拨款作为主要经济来源，打破大锅饭的第一个法定文件。

6月30日 国家建委转发《国家建工总局关于调整城镇集体所有制建筑企业若干经济政策的意见的通知》。规定县以上集体建筑企业从1979年起按照国家建委、财政部的规定，从利润中提取企业基金，先提后税，所提基金主要用于职工集体福利方面。对劳动保护用品的发放和扩大企业经营管理自主权等，都作了规定。

7月1日 重庆长江大桥竣工通车。

7月19日 国家建工总局颁发《优秀建筑设计奖励条例（试行）》要求建工系统逐级推荐优秀设计，并规定以后每两年评选一次，评选范围为两年内建成投产的项目。

7月30日 中共中央发出《关于坚持"少宣传个人"的几个问题的指示》。指示指出，从现在起，除非中央有专门决定，一律不得新建关于老一辈革命家的纪念堂、纪念馆、纪念亭、纪念碑等建筑。

9月9日 中国第一条复线电气化铁路——石太线石家

庄至阳泉段正式开始使用。

12 月 24 日 天津新港五个万吨级码头泊位投产使用。

12 月 25 日 北京西直门立交桥建成。立交范围东西长
540 米，南北长 450 米，占地面积 4.5 公顷。

一九八一年

1 月 26 日 国家建工总局、国务院科技干部局联合印发
《建筑工程技术干部职称业务标准的通知》，确定建工行业
的工程技术干部，除执行国务院统一规定的技术职称外，
在设计单位或其他部门从事建筑专业技术工作的干部，可
以使用高级建筑师、建筑师、助理建筑师职称，分别与高
级工程师、工程师、助理工程师相对应。

2 月 28 日 国家建工总局发出改进当前劳动定额管理工
作的通知，改革定额管理体制，扩大地方和企业权限，调
整部分项目定额水平。

3 月 3 日 国务院作出《关于加强基本建设计划管理、
控制基本建设规模的若干规定》。

3 月 3—6 日 《人民日报》围绕国民经济调整，连续发
表《量力而行，循序前进》、《好事要有计划、有步骤地办》

和《下马项目要做好善后工作》的社论。

3 月 30 日—4 月 4 日 国家建工总局在杭州召开劳动保护工作会议，提出了加强劳动保护的组织措施和技术安全措施。并于 4 月 9 日下发了《关于加强劳动保护工作的决定》。

4 月 17 日 国务院发出《关于制止农村建房侵占耕地的通知》。

7 月 25 日 万里、谷牧同志对国家建工总局上报的《关于建筑业推行经济包干的报告》作了批示："可以在报纸上介绍推广"。国家建工总局通知各省、市、自治区建工局及总局直属各单位，结合具体情况宣传推广。《人民日报》发表辽宁建筑业推行经济包干的经验，并加重要按语。

7 月 28 日 为鼓励勘察设计单位和施工单位加强管理，提高质量，为国家创建更多"全优工程"，国家设立国家优质工程奖，分为金质奖章和银质奖章。

9 月 4 日 新华社报道：中国最大的稀土生产线在甘肃第一冶炼厂内建成，年产 6000 吨氯化稀土。

9 月 25 日 第四次全国"质量月"授奖大会在北京举行。葛洲坝大江截流工程等获国家优质工程金质奖；唐山陡河电厂一、二期工程，大连石油七厂多金属催化重整工程，南京五台山体育馆工程获国家优质工程银质奖。

11月11—18日 国家建筑工程总局在江苏召开全国建筑工业化经验交流会。会议总结了近年来的主要经验：发展工业化要从国情出发，因地制宜，采用适用技术；循序渐进，相应地变革生产组织和管理体制，实行专业化协作；以住宅建设为重点，充分发挥产业优势。

12月15日 国家建委、财政部、国家劳动总局、中国人民建设银行总行，以（81）建发施字第540号文联合颁发《关于施工企业推行经济责任制若干规定》。这一文件强调推行各种形式的经济包干，是185号文件的发展，对促进经济责任制的发展起了重要作用。

12月22日 我国首条500千伏输变电工程——平顶山至武昌500千伏超高压输变电工程正式投运，结束了我国没有超高压等级的历史。

12月27日 葛洲坝水利枢纽二江电站1、2号发电机组通过国家验收正式投产，这是我国自行研制的低水头转桨式发电机组。

一九八二年

1月5日 西藏羊八井地热试验电站第二台机组开始发

电送电，装机容量 3000 千瓦，是当时国内利用地热发电的最大机组。

5 月 4 日 五届人大常委会第 23 次会议通过《关于国务院部委机构改革实施方案的决议》。决议将国家基本建设委员会、国家城市建设总局、国家建筑工程总局、国家测绘总局合并，设立城乡建设环境保护部。

5 月 11 日 引滦入津工程在河北省遵化县举行开工典礼。竣工后每年可向天津供水 10 亿立方米，以解决天津用水紧张问题。

5 月 14 日 国务院公布施行《国家建设征用土地条例》。

7 月 14 日 济南黄河公路大桥通车，这是我国自行设计建造的一座预应力混凝土斜拉桥，总长 2023.44 米，宽 19.5 米，主桥长 488 米，最大跨径 220 米。

8 月 19 日 国务院、中央军委决定撤销中国人民解放军基本建设工程兵，所属部队按系统对口集体转业到国务院有关部和所在省、市、自治区。撤销工作于 1983 年年底基本完成。

8 月 30 日 城乡建设环境保护部和劳动人事部，联合发布《国营建筑企业实行合同工制度的试行办法》。

9 月 经国务院批准，中国冶金建设公司正式组建成立，隶属于冶金工业部，是中国冶金科工集团的前身。

10 月 3 日 一种先进的地下管道敷设技术——大直径工业管道地下/水下长距离顶进技术，在上海研究成功。

10 月 29 日 中共中央办公厅、国务院办公厅转发中央书记处农村政策研究室、城乡建设环境保护部《关于切实解决滥占耕地建房问题的报告》，并提出要求：一、严格控制占用耕地建房；二、坚决刹住干部带头占地建房风。

12 月 1 日《人民日报》发表社论《守约 保质 薄利 重义——积极发展对外承包工程和劳务合作》。

12 月 27 日《人民日报》发表文章《为"寒窑"召唤春天》，报道著名建筑专家任震英调查黄土高原窑洞建筑的事迹，并发表本报评论员文章《窑洞仍有生命力》。

一九八三年

2 月 13 日 万里副总理在引滦入津工地上讲话，称赞这项工程质量好、效率高、进度快。他说："不怕苦、不怕死的精神，加上科学技术、科学管理，就出质量，出效率，出战斗力。当前要用引滦入津精神，抓好其他重点工程项目，使各个建设项目进行得既快又好，为后十年我国国民经济振兴打下基础。"

2月16日《经济日报》一版头条报道，为"七五"、"八五"计划早作准备力争最佳效益，279个重点建设项目展开前期工作，中央领导同志强调指出：没有抓好建设前期工作的项目，一律不得列入年度建设计划，更不准仓促开工。同时发表评论员文章《抓紧建设前期工作》。

2月22日 我国第一座玻璃钢公路桥在北京市密云县建成并投入使用，净跨径为20.24米，桥宽9.6米。

3月4日 国务院办公厅转发建设部《关于迅速采取措施制止房屋倒塌事故报告》。国务院的通知指出：所有工程建设单位和设计、施工单位，都要坚持"百年大计、质量第一"的方针，采取有效措施，制止房屋倒塌事故。城乡建设部门要认真担负起工程质量监督检查的责任，加强管理，严格执法，迅速扭转质量低、事故多的严重状况，确保城乡建设事业的顺利进行。

3月15日《人民日报》发表本报评论员文章《搞活建筑业靠改革》。

4月15日 建设部颁发《开创建筑业新局面纲要》，确定今后八年建筑业的奋斗目标。

4月 建设部和中国建筑学会在兰州召开窑洞科学协调会，会议根据中央领导同志关于"把窑洞搞好是一项很重要的工作"的指示，把窑洞问题列为部级科研项目。

5月6日 建设部印发《建筑业技术改造规划要点（草案）》。规划提出的技术改造任务是，从我国的自然资源和地区特点出发，围绕建筑产品改造，提高经济效益，积极采用新技术、新设备、新材料、新工艺、新建筑体系，用社会化大生产方式改造行业的生产结构、技术结构和组织结构，逐步把勘察设计、施工生产和维修制造，转移到先进的技术基础上来，加速我国建筑工业化的步伐。

5月24日《人民日报》发表社论：《笔下一条线，投资千千万——谈搞好重点建设项目的勘察设计工作》，指出：勘察设计是基本建设过程中的关键环节，没有勘察设计就不能施工，这是一个必须遵循的客观规律。

5月30日 我国第一个现代化彩色电视制作播出中心——中央电视台彩色电视中心在北京破土动工。占地10公顷，总投资1亿元。

5月31日 建设部颁发《国营建筑企业编制定员试行标准》，对各类人员的划分范围、定员标准作了具体规定，对定员管理工作提出了要求。

6月21日 建设部决定将综合性的中国建筑科学研究院，调整分设为中国建筑科学研究院、中国建筑技术发展中心、建设部建筑设计院和建设部综合勘察院等四个单位。

7月28日 国家计委、财政部、劳动人事部联合发出《关于勘察设计单位试行技术经济责任制的通知》，将国家按人头多少拨给事业费，改为向建设单位收取勘察设计费。

8月16日 根据国务院、中央军委的指示，基建工程兵北京所属部队三万多人，改编为北京市城市建设工程总公司。

9月18—23日 根据国务院、中央军委批准的命令，基建工程兵21支队、22支队的改编工作分别在河南省南阳市和山东省济南市举行大会。21支队改编为中国建筑第七工程局，22支队改编为中国建筑第八工程局。

9月20日 国务院发布《建筑税征收暂行办法》，决定从今年10月1日起在全国统一征收建筑税。建筑税以自筹资金和更新改造资金为征税依据，按10%的税率计征。能源、交通、学校教学设施和医院医护设施等的投资，免征建筑税。并发布《中华人民共和国中外合资经营企业法实施条例》。

9月23日 北京图书馆新馆工程举行奠基典礼，中共中央书记处书记、中宣部部长邓力群主持奠基仪式。中顾委主任邓小平为新馆题写了馆名。

10月28日 国务院、中央军委正式批复《铁道兵并入铁道部实施方案》，决定将铁道兵17600人移交解放军三总部；3867 人交由铁道兵善后工作领导机构管理；148260 人自 1984 年 1 月 1 日起正式摘下领章帽徽，集体转业，并入铁道部，更名为铁道部工程指挥部。

10 月 30 日 据新华社报道：经国务院批准，从 1984 年起，我国将采用"国民收入"指标作为衡量经济发展情况的综合指标之一。国民收入是工业、农业、建筑业、运输业和商业部门所创造的净产值之和，它同用"工农业总产值"指标相比，能够准确地反映我国经济发展的速度、水平。

11 月 5 日 国务院批转《关于重点项目建设中城市规划和前期工作意见的报告》，通知指出，重点建设的前期工作与城市规划相结合，是保证重点项目建设顺利进行，并取得良好经济效益、社会效益和环境效益的重要条件，各部门、各地区都要认真抓好，重点建设项目与城市统一规划，协调发展。

12 月 20 日 国家重点建设项目——京秦铁路双线提前一年全线铺通，铁路全长 281 千米。

12 月，广深铁路公司组建，实行"自主经营、自负盈亏、自我改造、自我发展"的管理体制。

一九八四年

1 月 铁道兵集体转业并入铁道部。

2 月 19—22 日 中国施工企业管理协会成立。

3 月 18 日 新华社报道，从 1984 年起我国把重点建设的配套工程正式列入国家计划，并从投资、材料、设备上切实予以保证。

3 月 20 日 建设部和全国建筑工会联合发布《关于对全优工程质量进行评议的决定》，决定指出，自发布决定之日起用半年左右的时间请用户对 1980 年以来国营和集体建筑企业施工的全优工程质量进行一次评议，促进全优工程质量的进一步提高，评议工作通过《建筑》杂志进行。

3 月 23 日《人民日报》以《立经济责任状，一年税利翻番》为题，报道了重庆市锐意改革、推行责任状的经验。

3 月 27 日《经济日报》报道了重庆第一建筑公司严格实行承包经营责任制的经验。

4 月 国务院接受了天津市提出的加快修建京津塘高速公路的意见，这是首条采用菲迪克条款进行国际招标建设的高速公路。

4月5日 北京市宣布建筑施工企业将试行公开招标，逐步执行施工单位承包工程的经济责任制。

4月11日《人民日报》报道，在全国建筑行业中首先改革工资、奖金办法的"邯二"公司，贡献突出，职工收入倍增，1983年的产值、竣工面积和实现利润金额，分别相当于全国建筑行业平均数的2倍、2.7倍和3.5倍；人均收入达到1242元；平均每付出1元奖金为国家提供4.78元利润。

4月11日《经济日报》报道：江苏一支由66万农民组成的建筑队伍，在改革中不断壮大，除承担本省70%的建筑任务外，活跃在全国许多重点工地，赢得良好信誉，得到中央领导同志的称赞。并发表评论员文章《发展建筑业是一件大事》。

4月16日 国务院发出《关于国营企业发放奖金有关问题的通知》，决定逐步取消奖金"封顶"，实行奖金征税，同时规定建筑、矿山、搬运行业免征奖金税。

4月24日 我国第一座中外合营核电站——广东大亚湾核电站开始动工，装机总容量为180万千瓦。

5月1日 我国第一条高原铁路——西宁至格尔木铁路正式交付国家运营。铁路全长845千米，是世界上海拔最高的铁路之一。

5月15日《人民日报》《经济日报》均在头版显著位置发表1980年4月《邓小平同志关于建筑业和住宅问题的谈话》。

5月17日 上海《解放日报》第一版在显著位置报道：上海建筑业决定实行一项重大改革，欢迎兄弟省市来沪投标施工，市建委原则通过建筑工程招标投标试行办法。同时报道，市建工局宣布五项措施，改善建筑施工现场生活条件，工地必须有食堂、更衣室、浴室、茶棚、厕所。

5月21日《工人日报》在头版头条以《建筑业要首先进行全行业改革》为通栏标题，发表消息：上海25项工程招标又快又省；深圳国际贸易中心大厦"包"出高速度；重庆一建全面承包效益显著。

7月6日《深圳特区报》报道国贸大厦工程：中建三局一公司承建的这座53层大厦，创造了我国第一套大面积整体同步滑模新工艺；主楼施工平均5天一层，最快3天一层，工程质量优良。

7月17日《经济日报》发表《从北京三家建筑公司对比看"大锅饭"的弊端》的文章，通过三家公司1983年的经济效益对比，揭示了"大锅饭"的弊端，指出国营建筑企业面临着严峻的挑战，改革势在必行。

7月18日《经济日报》报道，全国已经有28个省、市、自治区和国务院的 9 个部门实行招标投标制度。明确基本建设改革的重点、核心是打破垄断，提倡竞争。

7 月 23 日《光明日报》报道，建筑行业推行投资包干制和招标承包制，带来新的活力。全国最大的建设项目宝钢一期工程，近年来实行全面概算包干后，整个工程概算投资不仅得到了有效控制，还可节约 1.9 亿元。唐山、常州、沙市、西安、太原、沈阳和昆明等城市，实行平方米造价包干或小区综合造价包干，都做到了开工迅速、竣工利落，工期短、质量优、造价低、用户满意。

8 月 20 日 据《人民日报》报道：化工部推进以设计为主体的基建体制改革，在原有一些设计院的基础上组建成六个工程承包公司。实现了由事业单位转变为企业单位；由原来纯搞设计转变为开展工程承包和经营；由党委领导下的院长负责制转变为实行经理负责制。

8 月 31 日 全国第七次"质量月"授奖大会在首都人民大会堂隆重举行。获得 1984 年国家优质工程奖的工程有 26 项，其中金质奖 2 项。有 7 个企业荣获 1984 年国家质量管理奖。

9 月 18 日 国务院颁发《关于改革建筑业和基本建设管理体制若干问题的暂行规定》。规定共有 16 条。对改革的内容、方向和各个方面的具体办法，都作出了明确的规定。

同时要求成立建筑业和基本建设体制改革领导小组。

9月21日《人民日报》报道，城乡建设环境保护部系统设计改革打破两个"大锅饭"体制，勘察设计工作走向企业化、社会化。以全民所有制单位为主体，允许集体和个体所有制并存，成为开放型、竞争型的体制。同时《人民日报》发表评论员文章《设计是工程建设的灵魂》。

10月24日 全国建筑业和基本建设体制改革领导小组召开第一次会议。领导小组由国家计委、建设部、财政部、劳动人事部等国务院九个部委的有关负责同志参加。

11月8日《人民日报》报道：各省、市、自治区打破条块分割，实施招标的工程约占建筑工程总面积的20%。工期一般缩短20%，造价降低6%～8%，保证了质量，取得了明显的经济效益。

11月21日 由世行贷款、按"项目法"施工的鲁布革水电站正式开工建设。

12月21日 我国大陆第一条高速公路——沪嘉高速公路奠基典礼在上海嘉定举行。工程计划1987年建成，总长20.5千米，其中高速路段为15.9千米。设计车速为120千米，每天可通行4万辆汽车。

一九八五年

1月24日《人民日报》报道：全国的设计工作出现了多年来未有的活跃局面，设计单位和职工的收入与劳动成果挂钩，打破了两个"大锅饭"，设计效率大幅度提高。

2月5日 建设部颁发《建筑工程质量监督站工作暂行规定》。规定共有13条，对监督站的组织机构设置、监督范围与项目、监督内容与程序、监督费的费率标准，对筹建、设计、施工和构件生产单位的要求等，作出具体规定。

2月20日 我国首次南极考察队在雪原荒岛上建成的"长城站"举行落成典礼。长城站是考察队在海军的大力支持下建成的，仅用25天。它是我国在南极洲的长年科学考察站建筑。

5月3日 新华社报道：国务院办公厅转发国家统计局报告，提出我国三种产业的划分意见。第一产业：农业；第二产业：工业、建筑业；第三产业：除一、二产业外的其他各业。

5月25日 中国国际信托投资公司大厦通过竣工验收。这座大厦是我国自行设计施工的综合性建筑。

7月1日 我国首条通向世界屋脊的高原铁路青藏铁路一期——西宁到格尔木工程全线通车运营。

7月30日 我国目前最大跨径的预应力混凝土悬臂架拱桥——剑河大桥，建成通车。大桥全长241米，高30米，宽11.8米，主跨150米。

9月15日 上海宝山钢铁总厂一号高炉点火，一期工程竣工。该厂是新中国成立以来建设规模最大的现代化钢铁联合企业。主要设备是从国外引进的，具有能力大、技术新、能耗低、自动化程度高、环境保护好等特点。一期工程于1978年12月23日动工兴建，中间曾一度缓建，1981年8月7日国务院批准续建。已建成的1774个项目中，有227个被冶金部评为全优工程。

10月1日 天津疏港公路建成通车。这是我国目前标准最高的公路。

10月8日 成昆铁路荣获国家颁发的"科学技术进步特等奖"，成为中国铁建历史上获得的首个国家科技进步特等奖。

11月13日 我国目前最大的提升式开启桥——海门大桥，在天津海河下游建成并正式通车。

12月11日 建设部发布《推进城乡勘察设计改革实施要点》。要点中说，勘察设计单位要继续完善技术经济承包责任制，向企业化、社会化方向发展；业余勘察设计只能有组织、适量适度地进行，不允许任何单位和个人以"业余劳动"为名进行无证勘察设计；严格勘察设计单位的资格审查和发证管理，坚决取缔无证勘察设计。

一九八六年

1月1日 建设部批准，《全国建筑设计统一工日定额》在全国试行。

1月5日《人民日报》在二版头条发表《打它个"短、平、快"——发展对外劳务承包业务的探讨》的文章：我国从1979年正式进入国际市场以来的六年间，经营对外承包和劳务合作的公司发展到60多家，在70多个国家和地区承包工程，签订合同2300多项，派出劳务人员16万多人次，在国际市场上赢得了信誉。同时发表《搞好劳务出口》的短评。

2月4日 建设部颁发《建筑技术政策》，文件包括《建筑技术政策纲要》和八个专业技术政策。八个专业技术政策是：建筑产品设计技术政策；建筑施工技术政策；建筑材料与制品技术政策；建筑设备技术政策；建筑勘察技政策；建筑标准化技术政策；建筑科学技术管理政策；建筑业推广应用电子计算机技术政策。

3月19日 我国政府援建的埃及国际会议中心工程奠基仪式在开罗举行。国家主席李先念和埃及总统穆巴拉克出席了奠基仪式。该工程由中建总公司与中建上海分公司联合承包，上海民用建筑设计院设计。

3月18日 建设部发出《关于有计划地组建建筑装饰公司的通知》。要求各地组建一批装饰专业公司，先在京、津、沪和省会城市进行。建筑企业内部也要逐步发展装饰专业队或装饰公司。

3月 经国务院批准，铁道部实行投入产出、以路建路的经济承包责任制（即大包干）。国家规定铁道部除按章缴纳营业税、城市建筑税、教育附加费以外，全部利润留给铁道部，用于发展铁路，实行包括运输、造车和基本建设在内的全面承包。

4月21日 建设部发出《关于确保工程质量的几项措施》。提出1986年工程质量管理的目标和十一条措施。要求端正经营思想，切实做到"五不准"。即：（1）未经持证设计单位设计的工程，一律不准施工；（2）无出厂合格证明和没有按规定复检的原材料，一律不准使用；（3）不合格的建筑构件，一律不准出厂和使用；（4）所有工程都必须严格按照国家标准规范施工和评定验收，一律不准降低标准；（5）经质量监督站或城乡建设主管部门检查认定不合格的工程及产品一律不准报产值、产量和竣工面积。

4月30日 建设部发布《建筑安装工程总分包实施办法》，规定了实行工程总分包的条件和范围、总包单位和分包单位的责任、禁止转包工程、罚则等共计24条。

6月3—8日 建设部在徐州召开建筑业改革理论与实践讨论会，参加会议的有各地建筑业领导干部、建筑经济学术委员会委员等120多人。中央党校吴振坤教授在发言中提出发展建筑业的"三化"主张，即建筑行业独立化、建筑产品商品化、建筑产品价格合理化。

6月14日 国家计委、建设部颁发《工程设计招标投标暂行办法》指出，今后新建、扩建和技术改造的大中型项目，除了有特殊要求的以外，都要积极地实行招标投标，开展设计竞争，择优选择设计单位。

6月25日 中华人民共和国主席李先念签发主席令，正式颁发《中华人民共和国土地法》。土地法共7章、57条。在第4章、第5章中，对国家建设用地、乡（镇）村建设用地作了详细规定。

7月1日 国家计划委员会和对外经济贸易部联合发布《中外合作设计工程项目暂行规定》。规定强调：中国投资或中外合资、外国贷款工程项目的设计，需要委托外国设计机构承担时，应有中国设计机构参加，进行合作设计。香港、澳门设计机构与境内设计机构进行合作设计，参照本规定执行。

7月9日 中国第一个机器人示范工程在沈阳市举行奠基仪式。工程占地7万平方米，包括研究实验楼、水下条件实验室、样机试验车间等。

9月20日 我国目前最宽、载重量最大的哈尔滨松花江公路大桥建成通车，主桥长1198米，宽24米。

9月30日 我国目前最长的公路桥——郑州黄河公路大桥建成通车。

11月14日 中朝合建的鸭绿江太平湾水电站二号机组并网发电。电站总装机容量19万千瓦，年发电7.7亿度，分别向中朝两国送电。

12月11日 连接北京和秦皇岛港的电气化双线铁路——京秦铁路，正式通过国家验收。整个工程包括全长281千米的铁路干线、秦皇岛地区和北京枢纽配套工程。1982年3月开工，是我国使用日本贷款的一项大型工程。

12月 我国第一座专门氯化冶炼黄金的黄金冶炼厂在山东招远县建成投产。日处理金可达75吨。

一九八七年

5 月 6 日京广铁路复线大瑶山隧道建成通车，隧道全长 14.29 千米，这是国内首次采用"新奥法"设计施工，实现了长大隧道主要工序机械化作业，是我国隧道修建技术的一次大飞跃，打破了中国不能建设 10 千米以上特长隧道的历史，获得国家科学技术进步奖特等奖。

12 月 24 日 北京地铁复兴门折返线建成通车，工程首创浅埋暗挖法施工技术，结束了我国地铁修建"开膛破肚"的历史，并普遍应用城市地下工程施工。

一九八八年

10 月 31 日 全长 20.5 千米的沪嘉高速公路建成通车（15.9 千米符合高速公路标准），中国高速公路实现零的突破。

一九八九年

1月3日 长江葛洲坝水利枢纽工程提前一年全部建成。

2月26日 中国南极中山站在南极大陆落成，中国南极站邮政局同时成立，开始营业。邓小平同志题写了"中国南极站"站标。同日，国务院致电慰问。中山站是继长城站后建成的我国第二个南极科学考察站，面积超过长城站近四倍。

5月16日 建设部以建设字第253号文发布《对集体、个体设计单位进行清理整顿的几点意见》的通知。清理整顿的主要意见共九条，其中规定：凡是1984年以来，新成立的集体、个体设计单位，要与国家党政机关、企事业单位以及协会、学会等群众团体，在人员、财务、资金等方面限期彻底脱钩。所有在职人员，都必须办理离职手续，由所在单位开具离职证明。完全由退（离）休人员组成的集体个体设计单位，其技术骨干要在期限内配备不少于30%的中青年。退（离）休人员应聘到集体、个体、设计单位工作，不能作为评定设计单位资格的依据。

5月30日 建设部发布《施工企业资质等级标准》。标准是由建设部负责组织国务院各有关部门在原有标准的基础上进行修订的，包括建筑、冶金、有色金属、机械、电子、化学、石油、石油化工、核工业、火电及送变电、煤炭、建材、林业、水利水电、海洋石油、铁路、公路、邮电、地矿、市政建设及建筑装饰等 20 个专业、40 种企业类型。建设部要求，从 1989 年下半年开始，所有施工企业都要按此标准进行资质复查，重新确定资质等级，换发资质证书。

6 月 18 日 建设部、中国人民建设银行印发《关于改进建筑安装工程费用项目划分的若干规定》，对原国家计委、中国人民建设银行计标（85）352 号通知的暂行规定主要作如下修订：一、建筑安装工程费用项目的组成，包括直接费、间接费、计划利润和税金四个部分。二、合理调整施工管理费的项目内容。三、施工企业实行计划利润，不再计取法定利润和技术装备费。施工企业投标报价时，可依据本企业经营管理素质和市场供求情况，在规定的计划利润率范围内，自行确定本企业的利润水平。四、税金。按照国务院及财政部的有关规定，工程造价中列入营业税、城市建设维护税及教育费附加。对其他直接费、劳保支出等也都作出规定。

7 月 28 日 建设部印发《建设监理试行规定》。规定包括：政府监理机构及职责，社会监理单位及监理内容，监理单位，建设单位和承建单位之间的关系，外资、中外合资和外国贷款建设项目的监理等。建设部在通知中指出：当前，建设监理工作正值扩大试点阶段，政府监理的范围以建设项目实施阶段为主（不含建设前期阶段），社会监理的范围由建设单位根据需要与社会监理单位协商确定。

10月1日 建设部批准实行城建系统8种工人技术等级标准，即：适应各行业劳动工资制度的改革，包括城市勘察、测量、市园林工人、古建筑修建工人、城市公共交通工人、城市供水行业工人、城市煤气热力工人、环卫工人、房屋修建工人等技术等级标准。1979年原国家城市建设总局颁发的城市煤气、热力、房屋修缮、园林、供水等工人技术等级标准（试行）同日起停止执行。

12月9日 建设部施工管理司召开推广"鲁布革"工程管理经验试点工作检查、汇报会，听取了由建设部、国家体改委、劳动部、建设银行、国家工商行政管理局五部委组织的联合检查组对第一批试点企业进行实地检查的情况汇报。试点结果表明，施工企业组织结构和经营机制改革的总体态势已经形成，"项目法"施工已为企业普遍接受，并积累了一些有共性的经验。鲁布革工程管理经验主要是：把竞争机制引入工程建设，推行铁面无私的招标、投标；

工程施工实行全过程总承包方式；施工现场的管理机构和作业队伍精干灵活，真正能打仗；科学组织施工，讲求综合经济效益。

12 月 26 日 中华人民共和国主席令第 23 号发布《中华人民共和国城市规划法》，自 1990 年 4 月 1 日起施行。《规划法》于 1989 年 10 月 13 日经国务院第 49 次常务会议讨论通过，同年 12 月 26 日经全国人大常委会第十一次会议审议通过。这是新中国建立以来，我国在城市规划、建设和管理方面的第一部法律。

12 月 31 日 建设部发布《国家优质工程奖评选与管理办法》。办法包括评选范围、评选条件、申报办法、评审组织和程序、详审纪律、奖励等共计 8 章 25 条。自 1990 年 1 月 1 日开始实施。

一九九〇年

4 月 25 日 国务院清理"三角债"领导小组、建设部、建设银行发出《关于抓紧清理拖欠工程款的通知》。通知指出：近几年来，基本建设单位拖欠施工企业工程款大量增加，而且边清边欠、前清后欠的情况十分严重。截止到

1989年年底，全国国营和城镇集体施工企业被拖欠的工程款总额达99.9亿元，占基本建设单位拖欠设备材料款和工程款总数的50%，占全国"三角债"总数的10%以上。大量的拖欠工程款，不仅挤占了施工企业50%以上的流动资金，使企业经营极度困难，而且影响国家重点工程建设和银行资金周转。

5月3日 建设部印发《关于工程建设标准设计编制与管理的若干规定》，规定指出，标准设计对提高工程建设质量、节约工程建设投资、缩短设计和建设周期、节约材料和能耗、提高工程综合经济效益和劳动生产率都具有重要作用。对标准设计的编制、修订、管理机构及其职责等作了明确规定。

5月17日 亚洲最高建筑、70层的香港中国银行大厦正式落成，1200多名来宾参加落成典礼。在全世界高楼中排名第五。

7月31日 建设部印发《广州抽水蓄能电站工程建设监理调查报告》和《广西岩滩水电站工程建设监理调查报告》。广州抽水蓄能电站试行建设管理模式，业主用合同约定的方式，将工程建设的组织管理和对设计与施工的监督工作，委托能完全独立的监理单位承担，改变了旧体制。岩滩水电站实行建设监理制、招标承包制，并采取了一些重大技术措施，该工程建设亦取得良好成绩。

9月11日 中国兰新铁路与苏联土西铁路接轨。至此，第二座亚欧大陆桥全线贯通。这段铁路是1985年5月开工的，从中国兰新铁路乌鲁木齐西段至苏联边境的新疆阿拉山口站，全长460千米。这条大陆桥，东起我国连云港，西至荷兰鹿特丹港，横跨欧亚两大洲，连接太平洋和大西洋，穿越中国、苏联、波兰、德国、荷兰等国，辐射30多个国家，构成一条长达1万多千米的经济走廊。它在我国境内的部分达4100多千米，横贯我国中部五省区。

10月20日 我国最高的建筑——京广中心工程全部竣工，该工程建筑面积14.5万多平方米，共53层，高度为208米。

10月25日 建设部召开国家优质工程奖表彰总结大会。建设部领导及国务院有关部委的领导同志和144个获奖单位的代表参加了大会。1990年，建设领域有27项优质工程、5项建筑机械产品，分获金质奖和银质奖，有两个施工企业荣获质量管理奖。

11月7日 国内规模最大的现代化综合建筑群——中国国际贸易中心，通过工程竣工总验收。该工程设计、施工质量均达到国际先进水平。

12月12日 中国施工企业管理协会组织评选的59名全

国优秀施工企业家获"金星奖"。这次评选是根据中国企业管理协会和中国企业家协会关于评选全国优秀企业家的要求，经建设部同意，由中国施工企业管理协会、中国城建建材工会组织。

一九九一年

1 月 15 日 宁汉渝光缆干线通信工程通过国家验收，正式投入使用。

3 月 8 日 国务院以〔1991〕国发 15 号文向各地人民政府批转了建设部、农业部、国家土地管理局《关于进一步加强村镇建设工作的请示》。国务院在批转通知中指出：村镇建设是我国社会主义现代化建设的重要组成部分，对于加强农业这个基础，促进农村经济与社会发展，实现亿万农民安居乐业都具有重要意义。各级地方政府要切实加强对村镇建设工作的领导，认真贯彻"全面规划、正确引导、依靠群众、自力更生、因地制宜、逐步建设"的方针，注意节约建设用地，充分依靠集体和农民的力量，推动村镇建设事业的健康发展。

3 月 28 日 纪念《中华人民共和国城市规划法》实施一

周年暨城市规划法知识竞赛开奖大会在北京举办。

4月25日 建设部颁发了《推进建设事业科技进步政策要点》。要点中提出，当前建设科技进步的目标和工作重点是节能、节材、节水、节地和提高工程质量及产品质量，提高生产效率，提高经济效益。

5月1日 我国第一座跨海公路大桥——厦门大桥正式通车。

5月7日《中国建设报》报道，建设部、国家工商行政管理局为贯彻国务院办公厅国办发〔1990〕13号文件精神，联合下发了工商同字〔1991〕第83号文件，即《关于发布建设工程施工合同示范文本的通知》，制定了建设工程施工合同示范文本（GF-91-0201）。示范文本由《建设工程施工合同条件》和《建设工程施工合同协议条款》两部分组成，基本适用于各类公用建筑、民用住宅、工业厂房、交通设施及线路管道的施工和设备安装。

6月25日 《中国建设报》报道，建设部制订了《关于治理屋面渗透的若干规定》，对屋面防水工程的设计、施工、质量监督和防水材料的检测等作出了具体规定。

10月12日 深圳新客站工程竣工投产。该站主建筑13层，建筑总面积84945平方米，是集客运、海关、边检、酒店、餐厅、商场、停车场等多功能为一体的综合客运站，具有90年代一流建筑水平。

10月18日 《中国建设报》报道，建设部在乌鲁木齐市召开了建筑行业劳动保险基金会，会议提出要积极推进建筑行业劳保基金统筹。

新中国成立以来一次性建设规模最大的石油化工工程——扬子30万吨乙烯工程顺利通过国家验收。

11月26日 建设部、国家工商行政管理局联合颁发《建筑市场管理规定》。

12月5日 建设部以第15号令发布《建筑工程施工现场管理规定》，自1992年1月1日起实施。

一九九二年

3月20日—4月3日 七届全国人大五次会议在北京召开。李鹏代表国务院作政府工作报告。大会通过了关于政府工作报告的决议、关于兴建长江三峡工程的决议。关于兴建长江三峡工程的决议批准将兴建长江三峡工程列入国民经济和社会发展十年规划。

4月16日 建设部、对外经济贸易部联合颁布《成立中外合营工程设计机构审批管理的规定》。

4月17日 国务院生产办公室决定从1992年起，增列"建筑施工企业技术改造专项贷款"，用于国营大中型施工企业（或直接为施工企业服务的后方基地企业）的技术装备更新改造。该专项贷款由建设部负责组织实施，1992年初步确定安排专项贷款5000万元。

4月下旬 审计署、国家计委、建设部联合制定了《固定资产投资项目开工前审计暂行办法》，以加强固定资产投资项目管理，控制投资规模，提高投资效益。

5月17日 建设部以建施〔92〕314号文印发《工程总承包企业资质管理暂行规定》。

6月30日 建设部发出《一九九二至一九九五建设事业改革要点》。

8月18日 建设部和国家科委联合发出关于《建筑业大中型施工企业总工程师职责暂行规定》的通知。

9月18日 建设部以建建〔1992〕616号文发出《加快建筑市场改革步伐的通知》，就加强建筑市场管理和招标工作改革步伐提出七项要求。

11月9日 国务院以国发〔1992〕66号文批转了国家建材局、建设部、农业部、国家土地局《关于加快墙体材料革新和推广节能建筑的意见》。

11月9日 国家计委以计建设〔1992〕2006号文印发了

《关于建设项目实行业主责任制的暂行规定》。这是适应发展社会主义市场经济，转换建设项目投资经营机制，提高投资效益的一项重要改革措施。

12月30日 建设部部长侯捷发布第23号和第24号令：出台《工程建设施工招标投标管理办法》《工程建设国家标准管理办法》；自发布之日起执行。

12月30日 建设部部长侯捷发布中华人民共和国建设部第25号令：决定《工程建设行业标准管理办法》自发布之日起施行。

12月 大秦铁路（大同至秦皇岛，全长658千米）全线开通运营，是中国第一条双线电气化重载运煤专线、国家西煤东运的重要战略通道，是世界上最具代表性的重载铁路。

一九九三年

2月11日 国家统计局和建设部批准成立的中国建设企业评价中心在北京成立。

2月 广州铁路集团和广州铁路（集团）公司正式挂牌成立，开始了国家铁路企业化、集团化经营改革的探索。

4月9日《建设项目经济评价方法》《建设项目经济评价参数》《中外合资项目经济评价方法》由国家计委和建设部共同批准发布。

4月23日 国家物价局、建设部发出了《关于发布城市规划设计收费标准的通知》，规定了新的《城市规划设计收费标准》，于1993年7月1日实行。

5月26—29日 建设部召开的全国工程质量暨第五次建设监理工作会议上宣布，我国建设监理制试点是成功的。建设部决定，建设监理试点结束，从现在开始转向稳步发展的阶段。

8月30日 建设部城市地理信息系统（UGIS）工程技术研究中心在北京成立。

9月15日 上海杨浦大桥竣工，以602米的跨径，在叠合斜拉桥中领先国际。

10月6日 建设部、国家文物局联合组织的全国第一次历史文化名城保护工作会议在湖北召开。

11月16日 建设部发布29号令《建设工程质量管理办法》。该项部门规章规定了我国工程质量管理的体制，明确了建设主管部门建设单位、勘察设计单位、施工单位、材料和设备供应等单位的质量责任和义务等。它的出台，使工程质量的管理工作初步走上了法制的轨道，对加强建设工程质量的监督管理，明确参与建设各方面的质量责任，保护建设工程各方面的合法权益，维护建筑市场秩序等都起到了重要作用。

11月26日 首届中国青年奥林匹克技能竞赛在北京举行，建设系统20名选手获得"全国技术能手"称号。

12月30日 建设部、中国人民建设银行以建标〔1993〕894号文印发《关于调整建筑安装工程费用项目组成的若干规定》。

一九九四年

2月23日 全国建筑师管理委员会成立。全国建筑师管理委员会负责承办建立注册建筑师制度。

3月17日 建设部、国家体改委联合发出通知，在全国大中城市推行建筑业行业管理。

3月22日 中华人民共和国建设部第32号令发布：《在中国境内承包工程的外国企业资质管理暂行办法》有关内容已征得对外贸易经济合作部同意，经部常务会议通过，现予发布，自1994年7月1日起施行。

5月9日 建设部、国家计委、国家经贸委、中国人民银行联合发出《关于进一步做好清理工程款拖欠工作和防止新欠的通知》。

5月30日—6月1日 建筑业在南京召开《建筑业建立现代企业制度试点意见》座谈会。建设部初步拟定36家企业进行试点。

6月21日 《中国建设报》报道，《建设部1994年实施安居工程意见》出台。意见指出，以建设平价住宅为主，重点解决城市居民及国有大中型企业职工的住房困难问题。

9月11日 由中国联合国教科文组织全国委员会和西安人民政府共同召开的古城西安重要文化遗产列入《世界遗产名录》国际研讨会在西安召开。

9月29日 国务院批复由建设部、国家计委、财政部、人事部、中央编委办公室联合签报国务院的《关于工程设计单位改为企业若干问题的意见》，原则同意实行事业单位企业化的工程勘察设计单位逐步改建为企业。

12月12日 中国第一条准高速铁路——广深高速铁路开通，火车运行速度提高到160千米。

一九九五年

1月7日 建设部发布《建筑施工企业项目经理资质管理办法》，办法共七章38条。办法规定，施工项目的项目经理必须持有"建筑施工企业项目经理资质证书"方可上岗。"项目经理培训合格证"持有者，自领取证书三年内未经注册，其证书失效。

3月8日 建设部印发《实施国家安居工程的意见》，对工程的组织领导、选点与规划、设计标准、建设要求、施工质量和进度、住宅造价等都提出了具体意见。

4月6日 建设部颁布了《建筑工业化发展纲要》，其目标是使建筑业逐步过渡到社会化大生产方式上来。纲要主要着眼于用科学技术推动建筑工业化的发展。它提出科学技术对建筑业的贡献率应从现在的不足30%提高到40%（到本世纪末）和45%（到2010年）。

5月1日 亚洲第一高的上海东方明珠广播电视塔落成并发射开播。

7月13日 秦山核电站验收大会上，国家计委宣布秦山30万千瓦核电站工程通过国家竣工验收。秦山核电站是我国自行设计、建造的第一座核电站，先后有 100 多个单位参与科研攻关，7 个单位参与设计，11 个单位参与施工，还接受了国际原子能机构和有关国家的专家咨询，整个工程被中国核工业总公司评为优良工程。

7 月 14 日 在天津召开了国家安居工程实施工作座谈会，各地有 170 名代表参加会议，建设部李振东在会上讲话。1995 年国家安居工程实施城市建设投资计划和贷款规模已经下达，建设规模为 1294.5 万平方米，总投资为 119.25 亿元，分属 59 个实施城市和枣庄矿务局。

10 月 6 日 建设部以第 48 号令发布了《建筑业企业资质管理规定》，规定共 5 章 45 条，自 10 月 15 日起施行。

11 月 16 日 连接九龙、北京，跨越九个省市的京九铁路全线铺轨贯通。京九铁路全线长 2381 千米，加上两条联络线，总长 536 千米。

12 月 15 日 国家计委和建设部共同发布了《工程建设监理规定》，自 1996 年 1 月 1 日起施行。1989 年 7 月 28 日发布的《建设监理试行规定》同时废止。

一九九六年

1 月 21 日 北京西客站举行隆重的通车庆典，李鹏总理剪彩，吴邦国副总理在庆典大会上讲话，各级相关领导出席庆典活动，部分工程建设者乘坐由"毛泽东号"机车牵引的特一次列车驶出车站以示庆贺。

2 月 9 日 国家计委和建设部出台〔1996〕266 号文件公布《城市住宅小区物业管理服务收费暂行办法》，办法共 19 条，自 1996 年 3 月 1 日起执行。

3 月 22 日 我国建设工程开始评选国优，建设部颁发了《国家优质工程评审管理办法》。办法共八章二十条。国家优质工程是国家级工程质量奖。每年评审一次，数量控制在 50 项左右。

4 月 22 日 建设部、国家工商行政管理局联合以建建〔1996〕240 号文发出《关于禁止在工程建设中垄断市场和肢解发包工程的通知》，针对当前建筑市场中一些地方和行业利用行政特权垄断市场、肢解工程发包等不正当竞争行为，依据《反不正当竞争法》及其他有关规定，要求予以严肃查处，维护建筑市场的统一、开放、竞争、有序。

6月4日 建设部、国家计委、财政部以建建〔1996〕347号文发出《关于严格禁止在工程建设中带资承包的通知》，通知规定，资金不落实的项目绝对不予立项，工程建设不准带资承包。

7月5日 建设部根据已发布的《关于设立外商投资建筑业企业的若干规定》，以建建〔1996〕405号文发布了《关于设立外商投资建筑业企业的若干规定实施意见》，以便于规定的具体执行。

7月8日 《建筑时报》报道，为了加强国家重点建设项目的管理，确保工程质量和按期竣工，并提高投资效益，经国务院批准，国家计委正式发布了《国家重点建设项目管理办法》。

7月13日 我国最大塔式起重机由四川建筑机械厂研制成功。通过鉴定，达到国际90年代同类型产品先进水平。

8月23日《中华人民共和国建筑法（草案）》在八届全国人大常委会第二十一次会议上进行了审议。

9月1日 我国铁路建设史上一次性建成双线线路最长的铁路工程——京九铁路通车运营，正线全长2398千米。

10月7日 大亚湾核电站工程国家验收大会在广东省大亚湾核电站举行，国家验收委员会向广东核电合营公司颁发了国家验收合格证书，大亚湾核电站正式交付运行。

10 月 28 日 《建筑时报》报道，我国开拓国际建筑市场领域已从过去单纯地承建对外经济援助项目，发展成为世界上一支重要的工程承包建设力量，对外承包工程迄今已扩大至 171 个国家，年营业额达 256 亿美元。

12 月 美国《工程新闻录》（*ENR*）杂志评出 1995 年国际最大 225 家承包商，中国 23 家公司入选。

一九九七年

1 月 6 日 《中国建设报》报道，中美合作建设平潭海峡大桥合同前不久在福州签字。该大桥全长 3.24 千米，宽 18 米，总投资 9000 万美元，其中美国米兰集团出资 51%，建设期为 3 年。

1 月 15 日 来自全国百余家建筑企业的代表在北京召开了提高工程质量倡议大会。中国建筑一局等百余家建筑企业在北京联合发出倡议：贯彻《质量振兴纲要》，提高工程质量，向社会提供质量合格的工程。

3 月 28 日 建设部、联合国教科文组织在北京人民大会堂举行仪式，向峨眉山 - 乐山大佛、庐山风景名胜区颁发"世界遗产名录"证书。

5月27日 建设部以建建〔1997〕123号文印发了《工程项目建设管理单位管理暂行办法》，旨在对建设项目法人（业主）及房地产开发商为实施工程项目建设而设置的管理机构在建筑市场的行为进行规范，贯彻建设项目法人责任制，提高工程项目建设水平和投资效益。

8月28日 中国第一、世界第三的高88层、420.5米的上海金茂大厦实现结构封顶。

9月6日 中国注册结构工程师管委会与英国结构工程师学会在深圳签订互认协议。这是我国第一次与外国互认的执业资格考试。

10月28日 黄河小浪底工程成功实现截流。

10月30日 建设部以建设〔1997〕290号文发布了《建筑智能化系统工程设计管理暂行规定》，规定共十四条，自颁发之日起实行。这是我国建设行政主管部门发布的第一个有关智能建筑的管理规定。

11月1日《中华人民共和国建筑法》在八届全国人大常委会第二十八次会议最后一次全体会议上获得通过。国家主席江泽民11月1日签署第91号令，颁布了这部法律。该法共八章八十五条，自1998年3月1日起施行。

11月3日 京九铁路通过国家验收。至此，试运行14个月的京九铁路正式通过国家验收。工程合同率达100％。

11月8日 15时30分，三峡工程大江截流成功。

12月20日 我国首次注册结构工程师执业资格考试在全国30个省市正式举行，共有19539人参加考试。

一九九八年

1月4日 据全国铁路领导干部会议消息，到1997年年底，我国铁路营业里程已达6.6万里，居亚洲第一。

3月7日 中国人民银行行长戴相龙在记者招待会上说，1998年中央银行在坚持适度从紧的货币政策的同时，适当增加货币供应量，尤其要加大住宅建设、基础设施等方面的投入，还要建立和完善住房金融服务体系，支持住宅建设等新的经济增长点。

3月28日 我国首家建筑设计集团成立。华东建筑设计研究院和上海建筑设计研究院联合组建国内首家建筑设计集团——上海现代建筑设计（集团）有限公司。

4月13日 我国最高表演艺术殿堂——国家大剧院建筑设计方案竞赛文件发布会在京举行。这座建筑面积达12万平方米的国家大剧院由歌剧院、音乐厅、戏剧场、小剧场和配套设施组成。

4月28日 建设部颁布了《全国建设事业信息化规划纲要》。纲要提出了全国建设事业信息化建设目标。

6月8日 上海建工集团宣布组建国内建筑行业最大的上市公司——上海建工股份有限公司，发行1.5亿A股。

8月7日 国家"九五"重点工程——兰州—西宁—拉萨光缆干线全线开通。

8月8日 国家重点建设项目——北京至郑州电气化铁路正式开通运营。

8月28日 由上海建工（集团）总公司实施工程总承包的中华第一高楼——88层的金茂大厦如期落成。它是国内第一高楼、世界第三高楼。

10月27日 国家质量技术监督局、建设部、国家建材局以质技监局监发〔1998〕137号文发布《关于在工程建设中加强监督管理确保使用合格建筑材料的通知》，要求各地质量技术监督局、建设行政主管部门、建材局认真履行职责，把好检验、采购、使用等关口，决不允许不合格建材流入施工现场，凡生产、购买、使用不合格建材的，要依法严肃处理责任单位和当事人。

12月2日，联合国教科文组织第22次世界文化遗产全委会表决通过，将中国北京的颐和园和天坛列入《世界文化遗产名录》。

一九九九年

1月1日　中国内河航运建设首批利用世界银行贷款项目之一，国家重点工程湘江大源渡航电枢纽首台机组投产发电。

1月4日　重庆市綦江虹桥因质量问题突然垮塌，造成40人死亡的重大事故。此事引起中央和社会对基础设施工程质量问题和建设管理的高度重视。

3月7日　中国承建的第一条国外电气化铁路——伊朗德黑兰至卡拉奇线路开通运营。

4月21日　中国第一，世界第四的钢悬索桥——江苏江阴长江公路大桥主桥合龙。

5月3日　中国国内第一条能生产厚度在0.3毫米以下产品的超薄、超平、超硬不锈钢带材生产线在上海投产。

6月12日　我国自行研制的第一列时速200千米的电动铁路客车组竣工下线。这标志着我国铁路客车生产正式步入"高速列车"领域。

7月1日　中国承建的苏丹大型石油工程竣工投产。输油管线由苏丹南部黑格林格至苏丹港，全长1506千米。

7月22日 总投资近4亿元的中国与俄罗斯共同兴建的浙江"九五"重点工程，我国最大的聚四氟乙烯工程通过竣工验收。

8月18日 亚洲最高的公路隧道——青海省大坂山公路隧道全线通车，隧道全长1530米，海拔3800米。

9月1日 中国目前最大的磷肥厂——贵州瓮福磷肥厂全面投入试生产。

9月6日 中国第一条长隧道——西安安康铁路秦岭隧道全部贯通，隧道长度18.46千米，居世界山岭隧道第6位，亚洲第2位。

9月7日 我国第一个以BOT方式兴建、在国内第一次完成建设–运营–移交BOT全过程的沙角B电厂，由香港合和电力集团正式向深圳能源集团移交。该电厂总投资40亿港元，合作期10年。

9月28日 全国最大规模的乙烯生产厂——大庆石化总厂乙烯改扩建工程交工。

9月28日 国家重点援藏建设项目——青藏公路整治工程交工验收。验收后的路面达到国家二级公路标准。

9月28日 中国悬索第一桥——江阴长江公路桥正式通车。

9月29日 中国自行设计研制的时速200千米的列车在

广州和深圳正式投入运营，这是中国国产最高时速的列车。这组列车每天在广深间开行两对。

10月3日 中国第一家全外资BOT电厂——来宾电厂B厂第一台36万千瓦时燃煤机组试并网发电成功。该厂由法国电力公司和阿尔斯通联合兴建。

10月20日 中国装机容量最大的核电站——江苏田湾核电站（原名为连云港核电站）在连云港市正式开工，这标志着中国"九五"期间的四座核电工程项目全部开工建设。田湾核电站建设规模为4台100万千瓦级压水堆机组。分二期建设。一期工程建设两台俄罗斯核电机组，年发电量为140亿千瓦时。该电站是中国–俄罗斯两国共同合作的首个重大项目。

11月16日 亚洲最长的铁路桥东黄河特大桥正式开通，全长13千米，总投资7亿多元。

12月4日 我国建成的最大水电能源项目——二滩水电站全部建成投产。该电站总装机容量330千瓦，由6台55万千瓦水轮发电机组组成，年发电量170亿千瓦。

12月7日 川藏公路二郎山隧道建成试通车。

12月8日 中国又一横贯陕北的大通道——神（木）延（安）铁路沙哈拉崞隧道贯通，填补了中国在沙海地带建设铁路隧道的一项空白。

二〇〇〇年

1月21日 天津南水北调工程动工兴建，工程总投资5亿元。

2月3日 广西第一座海上大桥——防城港西湾跨海大桥建设项目中外合作合同在南京签字。大桥全长10.65千米，总投资约2.3亿元人民币。

3月23日 中国最大环保电池基地——长虹电池工业园在四川绵阳落成剪彩。

3月30日 全长950千米的长距离输气管线，涩北—西宁—兰州输气管线宣布正式开工。工程总投资25亿元。

4月22日 年吞吐能力2000万吨以上、国内最大石油转运基地建成，该基地位于浙江省舟山群岛南部海域的岙山岛。

5月1日 新中国成立以来最大水运基建项目、长江口深水航道整治工程总投资150多亿元，其一期工程8.5米航道试通航成功。

7月19日 世界最大抽水蓄电能电站广州蓄能水电站竣工。

7月20日 国内最大疏浚工程——长江口深水航道一期工程通过竣工验收。

7月25日 中国最先进的冷轧钢材生产线在上海宝钢集团公司建成投入试生产，投资额达80多亿元。

8月18日 总投资102.5亿元的国家"九五"重点工程西安安康铁路全线铺通。其中西康铁路秦岭Ⅰ线隧道，全长18.46千米，在国内率先采用世界先进的全断面硬岩隧道掘进机修建，开启了我国掘进机技术新时代。

8月27日 中美双方共同投资近7亿美元的我国最大的天然气发电厂靖边天然气电厂在山西省开工。

10月8日 我国最大对内"BOT"方式建设的高速公路湖北襄樊至荆州高速公路正式开工，总投资41.79亿元。

10月10日 我国第一条横跨海峡的粤海铁路通道开工，工程总投资45亿元。

12月16日 国家西部大开发十大重点工程之一渝怀铁路正式开工。渝怀铁路西起重庆、东至怀化，线路全长625千米，为1级单线，预留复线条件，一次建成电气化铁路。工程总投资198.7亿元，总工期五年半。

12月18日 我国第一条国道主干线京沪高速公路全线贯通。京沪高速公路全长1262千米，总投资393亿元，工程建设历时13年。

2000 年 中国铁路工程总公司、中铁铁路建筑总公司、中国铁路机车车辆总公司、中国铁路通信信号总公司和中国土木工程集团公司等五大公司与铁道部脱钩，实现政企分开（包括铁道部直管的 5 家公司的重组、铁道部管理的 10 所高校的脱钩以及中国铁道科学研究院的企业化改造）。

二〇〇一年

1 月 2 日 云南省宣威发电公司 8 号机组正式投产运营。它是国家"西电东送"工程首批项目中第一个投产的项目。

2 月 10 日 中国、阿尔巴尼亚合作建设大型水电站合同签字。阿尔巴尼亚布沙特水电站将安装两台 40 兆瓦的卡普兰式水轮发电机组，年发电 3.5 亿千瓦时，工程合同金额 1 亿多美元，是我国改革开放以来对阿尔巴尼亚承建的最大工程。

2 月 25 日 我国自行设计、建造的第一座 2×60 万千瓦商业运行核电站——秦山核电站二期工程一号机组主系统冷态水压试验首战告捷。这一阶段性成果标志着我国独立设计建造核电站的能力跃上新台阶。

2 月 26 日 国家安全生产监督管理局宣告成立，标志着我国安全生产管理正式按新体制、新机构运行。

2月28日 国务院正式批准青藏铁路立项。

3月5日 九届全国人大四次会议在北京隆重开幕，朱镕基总理作了《关于国民经济和社会发展第十个五年计划纲要的报告》。朱总理在报告中提出："要加强公路、铁路、港口、航道、机场、管理系统建设，建立健全畅通、安全、便捷的现代综合运输体系；西部大开发在'十五'期间要着重加强基础设施和生态环境建设。""大力发展经济适用住房，建立廉租房供应保障体系"。"积极发展公共交通"。"要综合治理城市污染，使大中城市环境质量明显改善"。

3月12日 西部大开发战略的重要标志性工程——龙滩水电站工程，贷款协议签字仪式在京举行。该电站不仅是我国仅次于三峡的特大水电工程，也是我国第一个采用国内银行贷款融资的特大型基础设施建设项目，融资总额达197.58亿元。

3月18日 国家"九五"重点工程项目——南京长江第二大桥通过交工验收。工程投资概算33.5亿元，全长21.97千米。全线均为6车道高速公路，桥下可容5000吨级海轮双向通航。该桥节省工程投资近4亿元，工程质量被誉为"国内领先，世界一流"。

3月29日 西部大开发十大标志性项目之一——四川紫

坪铺水利枢纽工程动工。工程投资总概算 69.76 亿元，其永久建筑物按 1000 年一遇洪水标准设计。

4 月 15 日 横贯陕北地区，全长 382.4 千米的神延铁路全线铺通。这是新世纪我国首条铺通的干线铁路。

5 月 5 日 被誉为"亚洲第一桥"的国家重点项目、西部开发基础设施工程——李子沟特大桥主体工程竣工。李子沟特大桥是国家重点建设项目内昆铁路的头号重点工程，位于贵州省乌蒙山区，全桥长 1031.86 米。

6 月 9 日 目前国内标准最高、规模最大的城市快速环路——北京四环路全线贯通。作为国家重点建设项目，四环路投资原批准概算为 98 亿元，实用 73 亿元。

6 月 29 日 北京至广州雷达管制航路开通。宣告我国没有一条航路实施雷达管制历史的结束。

7 月 1 日 青海高原上第一条高速公路西平高速公路试通车，该公路总长为 34.78 千米，总投资达 10.86 亿元。

7 月 16 日 北京申奥成功，北京市政府将投入 1800 亿元建设城市基础设施。

8 月 28 日 "西气东输"工程建设拉开序幕，该工程全长 4200 多千米，预计总投资额 1500 多亿元。

10 月 9 日 秦山核电二期工程举行加料仪式。这标志着我国首座 60 万千瓦国产化核燃料发电机组工程建设完工，秦山核电站二期工程总投资 148 亿元。

11 月 17 日 亚洲第一桥——秦沈线月牙河铁路桥合龙。该桥长 10.26 千米，共 418 跨，均为国内首创的超大吨位的 24 米双线箱梁组成。

二〇〇二年

1 月 7 日 国家计委、建设部颁布了新的《工程勘察设计收费管理规定》，将收费由政府定价改为政府指导价。规定共十六条，自 2002 年 3 月 1 日起施行。

2 月 5 日 由于在国际交流与合作中作出的突出贡献，英国皇家特许建造学会（CIOB）授予建设部原总工程师许溶烈"荣誉资深会员"称号。许溶烈是全球华人第一个获得这个称号的人。

4 月 11 日 国务院公布了《电力体制改革方案》，国家电力公司拆分为两大电网公司、五大发电集团和四大辅业建设集团。

4 月 19 日 天津建工集团二建公司实施的"国家住宅产业化基地"项目，日前通过了建设部组织的专家论证。这是我国第一个通过专家论证的住宅产业化基地。

6 月 28 日 历时一年的建筑业企业资质就位审批工作结束，标志着我国建筑业企业的结构性调整初步完成。

7 月 4 日 建设部党组作出决定，在全国建设系统开展实施科技、规划、设计等三方面下乡和为农民建房、修路、改水、改厕、改善人居环境等五服务活动并制订了《建设系统"三下乡、五服务"工作方案》。

9 月 26 日 由茅以升科技教育基金委员会、交通部专家委员会和浙江省人民政府经济建设咨询委员会主办的钱塘江大桥通车 65 周年大会暨 21 世纪桥梁技术发展论坛在杭州举行。

12 月 31 日 世界首条磁浮运营线——上海磁浮列车示范运营线通车运营。

二〇〇三年

2 月 13 日 建设部颁布了《关于培育发展工程总承包和工程项目管理企业的指导意见》。工程建设推行总承包是国际通行的组织实施方式。

6 月 8 日 世界最长的跨海大桥——杭州湾跨海大桥奠基，中国桥梁建筑史册将记下这一天。杭州湾跨海大桥是中国第一座跨越海洋的大桥，总投资118亿元人民币。

6月28日 "世界第一钢拱桥"——上海卢浦大桥通车。

10月16日 商务部、公安部、建设部和交通部联合发出《关于限期禁止在城市城区现场搅拌混凝土的通知》，就限期禁止在城市城区现场搅拌混凝土列出时间表，北京、上海等124个城市从2003年12月31日起禁止现场搅拌混凝土，其他省、自治区、直辖市从2005年12月31日起禁止现场搅拌混凝土。

11月6日 我国在建的第二大水电工程、装机规模仅次于三峡水电站的龙滩水电工程顺利完成大江截流。

11月22日 国务院办公厅下发《关于切实解决建设领域拖欠工程款问题的通知》，要求各地切实解决建设领域拖欠工程款问题。

二〇〇四年

1月3日 建设部、国家发展改革委、财政部、劳动和社会保障部、中国人民银行、中国银行业监管会、中国保险监管会、最高人民法院等八部委联合发布了《关于贯彻〈国务院办公厅关于切实解决建设领域拖欠工程款问题的通知〉的实施意见》。

2月1日 我国首部规范建设工程安全生产的行政法规——《建设工程安全生产管理条例》正式施行。这标志着我国建设工程安全生产管理进入法制化、规范化发展的新时期。

3月4日 《中国建设报》报道,国家发展改革委、国土资源部、建设部、商务部联合下发标注为"紧急"的《关于清理整顿现有各类开发区的具体标准和政策界限的通知》,对在国务院办公厅关于暂停审批各类开发区的紧急通知下发后,地方和部门突击审批和突击设立的各类开发区,一律予以撤销。

6月1日 全长35.66千米、工程总投资约53亿元的江苏润扬长江大桥全线贯通。该桥南汊桥为跨径1490米的单孔双铰钢箱梁悬索桥,是目前"中国第一、世界第三"的大跨径悬索桥。

12月6日 建设部发布了《关于加强村镇建设工程质量安全管理的若干意见》,要求各地,特别是县级建设主管部门要把村镇建设工程管起来,并对实施措施提出了具体要求。

12月30日 "西气东输"工程投产庆典暨表彰大会在北京召开。

二〇〇五年

1月6日 国务院在天津召开清理建设领域拖欠农民工工资和拖欠工程款座谈会。中共中央政治局委员、国务院副总理曾培炎出席会议并讲话。他指出，要实现2005年春节前基本还清农民工工资的目标，要建立健全农民工工资发放的正常机制；要加大清理建设领域拖欠工程款的力度，努力实现国务院确定的三年清欠目标。

2月23日 在国务院新闻办"节能与绿色建筑"新闻发布会上，建设部副部长仇保兴强调，当前中国节能与绿色建筑工程刻不容缓。

4月21日 国家发展改革委、科技部会同水利部、建设部和农业部联合发布《中国节水技术政策大纲》。

5月25日 上海国际航运中心洋山深水港（一期）工程东海大桥实现全线贯通。

7月12日 建设部、国家发展改革委、财政部、劳动和社会保障部、商务部、国务院国有资产监督管理委员会联合下发《关于加快建筑业改革与发展的若干意见》。

7月18日 建设部在北京东城区召开数字化城市管理现

场会，总结了北京市的经验和做法，对数字化城市管理模式的推广进行部署。

9月27日 南水北调中线穿越黄河工程正式开工建设，总投资31.37亿元，工程预计2010年3月底完工。

10月15日 青藏铁路全线铺通庆祝大会在拉萨隆重举行。

12月6日 建设部、国家发展改革委、财政部等八部委联合发布《关于进一步推进城镇供热体制改革的意见》。

二〇〇六年

1月12日 中央建筑企业第三届高峰联谊会在北京召开。会议通过了《建设和谐社会，实现民族大振兴，中央建筑企业应当担负更大的社会责任倡议书》。

3月28—30日 由建设部和英国贸易投资总署（UKTI）主办的第二届国际智能、绿色建筑与建筑节能大会暨新技术与产品博览会在北京召开。国务院副总理曾培炎与会并讲话，强调积极推进绿色建筑标准，大力发展节能省地型建筑。建设部部长汪光焘、英国王室约克公爵、英国国际贸易和投资特别代表安德鲁王子也在开幕式上致辞。建设部副部长在会上提出建立建筑发展观、能源利用、建筑技术、建筑开发运行方式和政府管理制度的创新体系，促进绿色建筑发展。

3月31日 中英建设工作组第一次工作会议在北京召开。建设部副部长、中英建设工作组中方组组长仇保兴在会上讲话说，中英建设工作组有利于促进中英双方在建设行业的互利合作，实现共同发展。中方其他有关成员也发了言。英国贸易投资总署国际产业司总司长、英方组组长保罗·梅登率领代表团参加会议并发言。

4月29日 建设部发布了关于编制"建设部'十一五'重点推广技术领域"和《建设部"十一五"技术公告》的通知。今后重点实施技术领域全称改为"建设部重点推广技术领域"，《建设领域推广应用和限制禁止使用技术》公告的全称改为"建设部技术公告"。

5月20日 长江三峡大坝最后一方混凝土浇筑完毕。至此，历时13年建设，当今世界上最大的水利枢纽工程、世界规模最大的混凝土大坝全线建成。

7月1日 全长1142千米、最高海拔为5027米的世界上线路最长、海拔最高的高原铁路——青藏铁路全线建成通车，解决了多年冻土、高寒缺氧和生态脆弱三大世界性难题。中共中央总书记、国家主席、中央军委主席胡锦涛专程前往格尔木出席通车典礼并发表重要讲话。

7月12日 美国《财富》杂志公布了2006年度"全球最大500家公司"排行榜，中国建筑业三巨头中国铁路工程总公司、中国铁道建筑总公司、中国建筑工程总公司首次跻身世界500强行列。其中，中国建筑工程总公司名列第486位。

9月19—22日 由建设部和文化部主办的国际性建筑文化与艺术交流活动——第二届"中国国际建筑艺术双年展建筑节能设计与建筑艺术高峰论坛"在北京举办。9月26日，第二届中国国际建筑艺术双年展在国家博物馆开幕。展会的主题是"城市与建筑——资源生存环境友好"。参展的有美、德、法、日、荷兰、丹麦等20多个国家和地区的设计部门与建筑师，有26所世界知名院校参加了展会。双年展举办了城市系列活动、和谐人居（建筑）展评、设计师创作竞赛、主题论坛、专题展览、颁奖晚会等活动。

10月 为落实国家发展改革委、国土资源部、建设部、农业部《关于公布第二批限时禁止使用实心黏土砖城市名单的通知》（发改环资〔2005〕2656号），由国家发展改革委、国土资源部、建设部、农业部共同组成国家抽查组，从10月上旬到11月下旬抽查各地贯彻落实情况以及自查情况。

10 月 27 日 由国家发展改革委、建设部、铁道部、交通部、商务部、水利部，以及世界银行、亚洲开发银行共同主办的"首届中国招投标高层论坛"在北京举行。来自各方面的代表 500 多人出席论坛。国务院副总理曾培炎出席并讲话，国家发展改革委常务副主任陈德铭、建设部副部长黄卫、铁道部副部长卢春房、水利部副部长矫勇和商务部副部长魏建国等分别作了主题发言。

11 月 30 日 上午 11 时 50 分，随着最后一件钢结构吊装到位，2008 年北京奥运会主会场国家体育场（鸟巢）钢结构吊装全部完工，这标志着令世界关注的北京奥运工程——国家体育场主体结构全面完成。

二〇〇七年

1 月 20 日 秦岭终南山公路隧道正式通车，这是中国自行设计施工的世界最长的双洞单向公路隧道。

4 月 10 日 建设部出台了《一级建造师注册实施办法》，以规范一级建造师注册管理工作。国务院建设主管部门为一级建造师注册机关，负责一级建造师审批工作。

4 月 25 日 建设部日前发出通知，要求进一步加强对既有建筑装修、改扩建工程的质量安全监管，切实保障既有建筑的使用安全。

5月17日 由美国《工程新闻纪录》（ENR）选出的2006年度最大225家国际承包商和全球最大200家国际工程设计公司中国公司颁奖典礼在北京举行。

5月28日 全国建筑业推进职业化建设百家先行企业发出了致温家宝总理的信，总结了自学习推广鲁布革经验的20年来取得的成就，表达了今后要继续深化改革、正确发展建筑业企业的决心。

6月1日《人民日报》报道：截至5月底，"西气东输"塔里木油田首批"一大五中"6个气田已全部建成，可稳定向东部地区供气30年。

6月14日《中国建设报》公布了《2006年建设工程监理统计公报》，这是我国政府第一份建设工程监理统计公报。公报对2006年全国具有资质建设工程监理企业基本数据进行了统计。

6月26日 历经3年零7个月的建设，创造了五项世界第一、世界上最长的跨海大桥——杭州湾跨海大桥全线贯通。

8月18日 2007年度ENR全球最大225强国际承包商排名公布，有49家中国承包商位列其间，其中中国交通建设集团有限公司从 2006 年的第 45 位提前为第 14 位, 位列 49 家中国企业之首。

8 月 28 日 第六届亚太地区基础设施发展部长级论坛在北京开幕。亚太地区相关国家主管基础设施发展的部长与高官、有关国际组织的高官与专家, 以及我国水务领域行政管理、工程技术、运营管理、投融资方面的代表, 将以"基础设施投融资体制改革与水的可持续利用"为主题展开研讨和交流。

9 月 26 日 钱塘江大桥通车 70 周纪念日纪念大会在浙江省杭州市举行。

10 月 16 日 第九届北京国际工程机械展览与技术交流会 (9th BICES) 在北京召开。会议的主题是: "以人为本, 关爱生命, 安全、节能、环保、高效"。

11 月 5 日 全国建筑市场诚信信息平台正式启用。通过该平台, 人们可以动态查询建筑市场各主办方的诚信行为。

二〇〇八年

1 月 7 日 全国建筑市场诚信信息平台正式开通启用。该平台正式开通启用, 意味着以信用信息平台的建立为突破口，建筑市场信用体系建设进入了实质性工作阶段。

1 月 30 日 2008 年北京奥运会主要场馆之一的国家游泳中心工程（水立方）全部完工，其关键技术达到国际领先水平。奥运会后，"水立方"将成为北京市民的水上娱乐中心。

1 月 31 日 全球性保护组织 WWF 世界自然基金会在北京正式启动"中国低碳城市发展项目"，上海、保定入选首批试点城市。

2 月 22 日 "西气东输"二线工程开工。至 2011 年 6 月，干线工程全线贯通。2012 年 10 月 16 日，"西气东输"三线工程开工。

4 月 11 日 主题为"和谐发展，互利共赢"的 2008 全球建筑峰会在北京隆重举行。在这次由中美两国携手举办的全球建筑领域最高峰会上，来自全球建筑领域的精英就业内关心的热点问题进行了深入研讨。

4 月 12 日 中国联合工程公司等 14 家企业荣获工程设计综合资质甲级证书，取得了在我国全部 21 个工程行业承接任务的资格。这标志我国设计市场准入暨设计资质管理的重大改革取得突破。

4 月 15 日 中华人民共和国住房和城乡建设部与美国环保署签署建筑节能领域合作意向声明，将依据现有资源资金，共同在建筑认证和推进既有建筑能效方面提供支持。

5月1日 杭州湾跨海大桥通车，是中国自行设计、建造和管理的大型跨海大桥，全长36千米，将上海与宁波的通行距离缩短了120千米左右。

6月8日 《汶川地震灾后恢复重建条例》发布并施行。这是我国首个专门针对一个地方地震灾后恢复重建的条例。该条例将灾后恢复重建工作纳入法制化轨道。

6月28日 国家体育场宣告竣工。作为奥运场馆的"收官之作"，"鸟巢"的落成，标志着2008年北京奥运会主办及协办城市的所有37个比赛场馆已全部准备就绪。

8月1日 京津城际铁路正式通车运营，这是中国第一条具有完全自主知识产权的高标准高速铁路。

8月28日 历时4年施工的上海环球金融中心落成启用。在国际高层建筑与城市住宅协会所公布的"2008高层建筑排行榜"中，上海环球金融中心获得"屋顶高度世界第一"和"人可达到高度世界第一"两项殊荣。

12月13日 住房和城乡建设部、监察部联合下发《关于加强建设用地容积率管理和监督检查的通知》，要求严格容积率指标的规划管理和调整程序，严格核查建设工程是否符合容积率要求，加强建设用地容积率管理监督检查。

二〇〇九年

1月6日 我国自主研发、设计和建设的具有自主知识产权的1000千伏晋东南-南阳-荆门特高压交流试验示范工程建成运营。这是当时世界上运行电压最高、输送能力最大、输变电技术水平最高的交流输变电工程。

4月1日 中国对外承包工程商会正式发布《中国对外承包工程/劳务合作发展报告（2008—2009）》。2008年我国对外承包工程完成营业额566亿美元，同比增长39.4%；新签合同额1046亿美元，同比增长34.8%。对外劳务合作完成营业额80.6亿美元，同比增长19.1%；新签合同额75.6亿美元，同比增长12.8%，年末在外各类劳务人员74万人。

4月15日 中国建筑图书馆挂牌仪式在北京建筑工程学院举行。中国建筑图书馆是我国建筑行业具有50多年历史的专业图书馆，经中国建筑文化中心和北京建筑工程学院达成的战略合作协议，中国建筑图书馆由双方合作共建，面向社会公众和学校师生全面开放。

7月18日 由中国中铁隧道局集团承担的国家863计划

项目"复合盾构机的研制"在天津顺利通过鉴定。这台自主研发盾构，完全拥有自主知识产权。标志着我国盾构产业化进入全新时代，是我国盾构发展史上最重要的里程碑。

7月29日"中国建筑"正式登陆上海证券交易所A股市场，首次融资超过500亿元，堪称全球建筑业上市的规模之最。

11月30日 第十二次中欧领导人会晤在江苏省南京市举行。住房和城乡建设部与欧盟企业与工业总司及能源与交通总司签署了关于建筑能效与质量的合作框架协议。

12月15日 世界最长的跨海大桥工程——港珠澳大桥开工仪式在广东省珠海市拱北湾举行。集路、桥、岛、隧为一体的港珠澳大桥工程，是在"一国两制"条件下，粤、港、澳三地首次合作建设的大型基础设施。

12月26日 武汉天兴洲公铁两用长江大桥建成通车，是世界上最大的公铁两用桥，主跨504米，下层可并列行驶四列火车，可同时承载2万吨的载荷，跨度、载荷、速度、宽度4项指标在同类桥梁中居世界第一。

二〇一〇年

1月6日 住房和城乡建设部通报 2009 年落实中央安排 40 亿元（含中央投资 15 亿元）资金开展的扩大农村危房改造试点工作情况。通报指出，各地认真贯彻中央精神，落实了试点工作的要求，通过各地自查工作和提交的自查报告，各地农村危房改造试点工作进展良好。

1月27日 中国中西部地区第一条投入运营的时速 350 千米高铁，也是世界首条修建在大面积湿陷性黄土地区的高速铁路——郑西高铁开通运营。

3月15日 为推动农村可持续发展领域应对气候变化的技术合作，住房和城乡建设部与法国开发署签订了在农村可持续发展领域的合作意向备忘录。

4月14日 青海玉树地震发生后，按照《建设系统破坏性地震应急预案》，住房和城乡建设部立即启动 1 级响应，及时开展抗震救灾有关工作。

6月18日 世界上第一个特高压直流输电工程云南至广东±800kV 特高压直流示范工程双极投产。

7月8日 当时世界上电压等级最高、输送容量最大、送电距离最远、技术水平最先进的直流输电工程——向家坝—上海±800千伏特高压直流输电示范工程投入运行。

7月9日 首批建设的国家石油储备基地之一舟山国家石油储备基地项目通过国家验收。

9月2日 住房和城乡建设部就加强建筑市场资质资格动态监管、完善企业和人员准入清出制度下发指导意见，要求强化质量安全事故"一票否决制"，加大对资质资格申报弄虚作假查处力度，加强建筑市场动态监管，加快建立完善基础数据库，加强建筑市场诚信体系建设，切实解决建筑市场中存在的突出问题。

12月3日 CRH380A型新一代"和谐号"动车组在京沪高速铁路枣庄至蚌埠间试验段创造了时速486.1千米的世界铁路运营试验速度最高纪录。

二〇一一年

1月11日 南京大胜关长江大桥建成通车，是世界首座六线铁路桥，双跨连拱跨度达到672米，可同时通行地铁、客混、高铁三种不同列车，被誉为"世界铁路桥之最"。

1月29日 "建筑工业化发展研究"通过住房和城乡建

设节能与科技司组织的专家验收。

2 月 22 日 南极中山站"十五"能力建设项目经过长达 4 年的建设，完成总体建设任务，顺利通过现场验收。

3 月 3 日 住房和城乡建设部、国家质量监督检验检疫总局联合下发《关于进一步加强建筑工程使用钢筋质量管理工作》的通知。

3 月 22 日 国家现代建筑产业化试点城市揭牌仪式在辽宁省沈阳市举行，确定沈阳市为国家首个现代建筑产业试点城市。

5 月 25 日 中国银行与中国建筑股份有限公司在北京签署了 800 亿元战略合作协议。合作内容涉及综合授信、现金管理、投资银行等多个领域。

6 月 15—16 日 全国工程设计科技大会在北京召开。这是改革开放以来全国工程勘察设计行业举办的第一次科技创新大会，大会由中国勘察设计协会主办，主题为"创新设计、低碳发展"。

6 月 30 日 世界上一次建成线路最长、标准最高的高速铁路，也是新中国成立以来投资规模最大的建设项目——京沪高铁开通运营，连接环渤海和长三角两大经济区，全长 1318 千米。

7 月 7 日 世界上采用纯钢板剪力墙结构建成的最高建

筑、中国长江以北最高的建筑——天津津塔，楼高 336.9 米，地上 75 层，外观借鉴中国传统折纸艺术，成为天津市新地标。

9 月 18 日 美国财经杂志《福布斯》评选出"全球最棒的 11 座桥梁"，山东青岛胶州湾大桥因创造了中国乃至世界桥梁的数项历史纪录而榜上有名。

9 月 29 日 中国电力建设集团有限公司、中国能源建设集团有限公司揭牌暨电网分离单位划转移交大会在北京举行，标志着历时多年的电网主辅分离改革重组取得重大进展，标志着中央电力企业布局结构调整迈出重要步伐。

12 月 26 日 广深港狮子洋隧道建成通车，隧道全长 10.8 千米，是国内里程最长、建设标准最高的首座铁路水下隧道，采用盾构机一次掘进长度超过 5 千米，且在水下 60 米进行盾构机对接，在世界隧道建设史上尚属首例。

12 月 27 日 中国施工企业管理协会在人民大会堂隆重召开国家优质工程奖设立三十周年纪念大会。同期，在北京展览馆举行了国家优质工程奖设立 30 周年成就展开幕式。

二〇一二年

1月16日 住房和城乡建设部、工业和信息化部联合出台《关于加快应用高强钢筋的指导意见》，意见要求在建筑工程中加速淘汰335兆帕级钢筋，优先使用400兆帕级钢筋，积极推广500兆帕级钢筋。

4月26日 为贯彻落实中央新疆工作座谈会精神，部署援疆省、市支援新疆城乡规划编制工作，全国对口援疆城乡规划编制工作会议于日前在北京召开。

4月29日 雅西高速公路（雅安至西昌）建成通车，是全世界工程难度最大、科技含量最高的山区高速公路，被称为"云端上的高速"。

5月8日 财政部、住房和城乡建设部联合发布了《关于加快推动我国绿色建筑发展的实施意见》，明确将通过建立财政激励机制、健全标准规范及评价标识体系、推进相关科技进步和产业发展等多种手段，力争到2020年，绿色建筑占新建建筑比重超过30%。两部门在通知中明确了推动绿色建筑发展的主要目标与基本原则，除了切实提高绿色建筑在新建建筑中的比重，还要力争到2014年，政府投资的公益性建筑和直辖市、计划单列市及省会城市的保障性住房全面执行绿色建筑标准，到 2015 年，新增绿色建筑面积 10 亿平方米以上。

5 月 25 日 中共中央政治局常委、国务院副总理李克强在人民大会堂出席国际建筑界大奖——2012 年普利兹克建筑奖颁奖典礼，并同出席典礼的美国凯悦集团主席普利兹克、建筑奖评委及来自各国的历届获奖代表等合影留念。本年度获奖者为中国美院建筑艺术学院院长、建筑师王澍。

6 月 30 日 住房和城乡建设部会同国家发展和改革委员会、财政部、国土资源部、中国人民银行、国家税务总局、中国银行业监督管理委员会联合发布了《关于鼓励民间资本参与保障性安居工程建设有关问题的通知》，要求各地有关部门以多种方式引导民间资本参与保障性安居工程建设，落实民间资本参与保障性安居工程建设的支持政策，为民间资本参与保障性安居工程建设营造良好环境。

7 月 2 日 全国保障性安居工程工作会议在北京举行。

7 月 4 日 三峡工程最后一台 70 千万巨型机组正式交付投产。至此，世界装机容量最大水电站——三峡电站 32 台机组全部投产。

7 月 18 日 住房和城乡建设部部长姜伟新在京会见新加坡国家发展部部长许文远，双方续签了中国市长研讨班项目谅解备忘录，并就城乡规划、城市建设、保障性住房建设等工作交换了意见。

9月25—26日 全国建设行业职业技能竞赛暨第42届世界技能大赛选拔赛在安徽省合肥市成功举办。经过两天的激烈角逐，大赛产生了15名获奖选手和5名参加第42届世界技能大赛的集训选手。其中，来自河北的宋井成、山东的常保见、安徽的雷小兵从众多参赛的泥瓦匠中脱颖而出，以精湛的技艺获得前三名，摘得"全国技术能手"荣誉称号。

9月28日 世界上首条修在大面积湿陷性黄土地区的高速铁路——郑西高铁正式投入运营。

安装了世界上单机容量最大的首台80万千瓦水轮发电机组的向家坝水电站工程下闸蓄水正式通过了国家验收。

11月30日 住房和城乡建设部出台《关于促进城市园林绿化事业健康发展的指导意见》，要求各地从战略和全局发展的高度，充分认识促进城市园林绿化事业健康发展的重要性和紧迫性，进一步统一思想，落实各项措施，积极推进城市园林绿化工作，创造良好人居环境，促进城市可持续发展。

12月1日 世界上第一条在高寒地区投入运营的长大高速铁路——哈大高铁开通运营。

12月26日 当时世界上运营里程最长的高速铁路京广高铁开通运营，全长2298千米。

二〇一三年

3月10日 将铁道部拟订铁路发展规划和政策的行政职责划入交通运输部。不再保留铁道部。组建中国铁路总公司，承担铁道部的企业职责，负责铁路运输统一调度指挥，经营铁路客货运输业务，承担专运、特运任务，负责铁路建设，承担铁路安全生产主体责任等。新组建中国铁路总公司为国家授权投资机构和国家控股公司，财务关系在财政部单列。原铁道部相关资产、负债和人员划入中国铁路总公司，原铁道部所属18个铁路局（含广州铁路集团公司、青藏铁路公司）、3个专业运输公司及其他企业的权益作为中国铁路总公司的国有资本。

3月15日 为推动建立统一开放、公平竞争的建筑市场秩序，促进建筑企业持续健康发展，住房和城乡建设部下发通知，要求进一步做好建筑企业（包括工程勘察、设计、施工监理、招标代理）跨省承揽业务监督管理工作。

4月12日 住房城乡建设部制定了《"十二五"绿色建

筑和绿色生态城区发展规划》。规划明确了发展目标、指导思想、发展战略、实施路径以及重点任务，并提出一系列保障措施。

6月26日 国务院总理李克强主持召开国务院常务会议，研究部署加快棚户区改造，促进经济发展和民生改善。

10月31日 西藏自治区墨脱公路建成通车，结束了墨脱县不通公路的"孤岛"历史，中国真正实现县县通公路。

11月15日 "南水北调"东线一期工程正式通水。2014年12月12日，中线一期工程正式通水。

二〇一四年

3月11日 中国政府网发布《国务院办公厅关于推进城区老工业区搬迁改造的指导意见》。意见指出，近年来，许多城市的城区老工业区搬迁改造取得了一定成效，但部分发展定位不合理、搬迁企业承接地选择不科学、污染土地治理不彻底、土地利用方式粗放、大拆大建、融资渠道单一等问题比较突出，亟待加强规范引导。

6月23日 为贯彻落实《国务院关于加强城市基础设施建设的意见》，住房和城乡建设部下发通知，要求各地加快城市道路桥梁建设改造，保障城市道路桥梁运行安全。

7月4日 我国第一个自主设计、自主采购、自主施工、自主管理的大型LNG项目——大连LNG项目建成投产，建设规模300万吨/年，供气能力42亿立方米/年，是建设海上能源通道、保证国家能源安全的组成部分。

8月12日 溪洛渡、向家坝水电站最后一批机组通过验收。

8月25日 推广应用高性能混凝土对提高工程质量、推进混凝土行业结构调整具有重大意义，住房和城乡建设部、工业和信息化部联合下发通知，要求充分认识推广应用高性能混凝土的重要性，加快推广应用高性能混凝土。

9月1日 住房和城乡建设部印发《工程质量治理两年行动方案》，通过两年治理行动，规范建筑市场秩序，落实工程建设五方主体项目负责人质量终身责任，遏制建筑施工违法发包、转包、违法分包及挂靠等违法行为多发势头，进一步发挥工程监理作用，促进建筑产业现代化快速发展，提高建筑从业人员素质，建立健全建筑市场诚信体系，使全国工程质量总体水平得到明显提升。

12月26日 西北地区高寒风沙区域修建的首条高速铁路——兰新高铁开通运营。

二〇一五年

3月4日 住房和城乡建设部、国家安全监管总局印发《关于进一步加强玻璃幕墙安全防护工作的通知》（建标〔2015〕38号），规定新建住宅、中小学校等不得在二层及以上采用玻璃幕墙；人员密集的商业中心、交通枢纽等作为出入口、人员通道的建筑，严禁采用全隐框玻璃幕墙。

4月25日 中共中央国务院印发关于加快推进生态文明建设的意见，强调大力推进绿色城镇化。

6月16日 为贯彻《2011—2015年建筑业信息化发展纲要的通知》和《住房和城乡建设部关于推进建筑业发展和改革的若干意见》有关工作部署，推进建筑信息模型（简称BIM）的应用，住房城乡建设部印发《关于推进建筑信息模型应用的指导意见》。

8月9日 湖北省宜昌市古昭公路（古夫至昭君桥，全长10.9千米）通车，是中国首条水上生态环保公路，实现了生态保护与交通建设的完美融合。

8月31日 工业和信息化部、住房和城乡建设部联合印发《促进绿色建材生产和应用行动方案》，推动建材工业稳增长、调结构、转方式、惠民生，更好地服务于新型城镇化和绿色建筑发展。

9月21日 住房和城乡建设部印发《关于推动建筑市场统一开放若干规定的通知》（建市〔2015〕140号）。

10月16日 国务院办公厅印发《关于推进海绵城市建设的指导意见》，提出：通过海绵城市建设，最大限度地减少城市开发建设对生态环境的影响，将70%的降雨就地消纳和利用。到2020年，城市建成区20%以上的面积达到目标要求；到2030年，城市建成区80%以上的面积达到目标要求。

10月22日 国家重点工程、国家西部大开发战略标志性工程、西电东送骨干电源云南澜沧江小湾水电工程通过枢纽工程专项验收。

12月30日 住房和城乡建设部、中国农业发展银行下发《关于推进政策性金融支持海绵城市建设的通知》（建城〔2015〕240号）。要求地方各级住房和城乡建设部门把农发行作为重点合作银行，加强合作，最大限度发挥政策性金融的支持作用，切实提高信贷资金对海绵城市建设的支撑保障能力。

二〇一六年

2月4日 31个省级建筑市场监管与诚信信息基础数据库与住房和城乡建设部中央数据库实现实时互联互通，初步实现建筑市场"数据一个库、监管一张网、管理一条线"的信息化监管目标。

2月19日 住房和城乡建设部发布《关于做好建筑业营改增建设工程计价依据调整准备工作的通知》，明确建筑业的增值税税率拟为11%。

3月18日 国务院常务会议审议通过全面推开营改增试点方案，明确自5月1日起，全面推开营改增试点，将建筑业、房地产业、金融业、生活服务业纳入试点范围。

3月28日 国家发展改革委、交通运输部联合印发《交通基础设施重大工程建设三年行动计划》。在2016—2018年三年间，我国将重点推进铁路、公路、水路、机场、城市轨道交通项目303项，涉及项目总投资约4.7万亿元。

3月29日 第二届中国质量奖颁奖大会在人民大会堂举行。中建一局凭借"5.5精品工程生产线"，作为中国工程建设领域第一家也是唯一一家获奖企业荣获中国质量奖。

4月19—22日 世界最高拱坝雅砻江锦屏一级水电站枢纽工程顺利通过竣工专项验收。

5月6日 中国首条国产中低速磁悬浮商业运营示范线长沙磁浮快线试运营，设计时速为100千米，全长18.55千米。

6月22日 完全采用"中国技术""中国标准"的乌兹别克斯坦卡姆奇克隧道建成通车，国家主席习近平和乌兹别克斯坦总统卡里莫夫共同出席隧道通车仪式。

7月1日 住房和城乡建设部、国家发展改革委、财政部联合发出的《关于开展特色小城镇培育工作的通知》提出，即日起在全国范围内开展特色小城镇培育工作，到2020年争取培育1000个左右各具特色、富有活力的特色小镇。

9月25日 世界最大单口径射电望远镜正式启用，标志着中国正式开始"收听"来自太空深处的无线电波，探秘宇宙变迁、地外新星和生命体。

12月6日 全球基础设施中心（GIH）项目库在线启动。项目库将帮助各国政府部门开发和推进基础设施项目，面向全球社会资本发布各国基础设施项目信息。中国、澳大利亚、哥伦比亚、韩国、墨西哥、新西兰、乌拉圭政府为项目库提供并发布了首批项目。

12月28日 中国东西向线路里程最长、速度等级最高、经过省份最多的高速铁路——沪昆高铁全线通车，全长2253千米，途经过6个省会城市及直辖市。

12月29日 北盘江特大公路桥通车，是世界上最高的跨江大桥，全长1341.4米，最大跨度290米，桥面到谷底垂直高度565米。

二○一七年

4月27日 国家石油储备二期工程之一、国内第一个大型地下水封石洞油库工程——黄岛国家石油储备地下水封洞库通过国家验收。

5月31日 蒙内铁路建成通车，全长480千米，由中交集团总承包，中国路桥承建，是中国帮助肯尼亚修建的一条全线采用中国标准的标轨铁路，是肯尼亚独立以来的最大基础设施建设项目，对推进东非地区的互联互通和一体化建设具有重要意义。

7月15日 北京到新疆的京新高速公路全线贯通，总里程约2768千米，是目前世界上穿越沙漠、戈壁里程最长的高速公路。

8月3日 装机规模世界第二、在建规模世界第一水电站——中国三峡集团白鹤滩水电站主体工程全面建设，金沙江再添一座千万千瓦级巨型水电站。

9月5日 中共中央 国务院印发《关于开展质量提升行动的指导意见》，要求确保重大工程建设质量和运行管理质量，建设百年工程，规范重大项目基本建设程序，坚持科学论证、科学决策，加强重大工程的投资咨询、建设监理、设备监理，保障工程项目投资效益和重大设备质量。

9月11日 我国首条民营资本控股高铁——杭绍台高铁PPP项目在浙江杭州签约。这是民营资本在铁路投融资领域首次控股。

11月6日 国家发展改革委印发《工程咨询行业管理办法》，取消工程咨询单位资格认定行政许可，转为政府监管、行业自律、企业自主的管理模式。

12月 全球最大的自动化集装箱码头——上海洋山港四期正式开港，标志着中国港口行业在运营模式和技术应用上实现跨越升级，为上海港加速跻身世界航运中心前列提供新动力。

12月11日 宝钢广东湛江钢铁基地竣工验收，同年，圆满实现了"达产、达标、达耗、达效"的目标，创造了国内千万吨级钢铁企业从投产到年度"四达"的最快纪录。

12 月 13 日 2016—2017 年度国家优质工程奖总结表彰大会在人民大会堂隆重召开。会上，中国施工企业管理协会发布了《关于推进工程建设行业开启高质量发展新时代的倡议书》。

二〇一八年

5 月 30 日 雄安新区设立以来第一个城建项目——雄安市民服务中心全面投入使用。

5 月 31 日 世界上电压等级最高、输送容量最大、输送距离最远、技术水平最先进的特高压输电工程——新疆昌吉至安徽古泉±1100 千伏特高压直流工程全线贯通。工程总长 3324 千米，额定输送容量 12000 兆瓦。

9 月 1 日 武警水电部队按照党中央跨军地改革重大战略部署集体退出现役，改编为非现役专业队伍，组建国有企业，划归国务院国资委管理。

10 月 23 日 港珠澳大桥通车仪式在珠海举行。中共中央总书记、国家主席、中央军委主席习近平出席仪式并宣布大桥正式开通。

11 月 2 日 第三届中国质量奖颁奖大会在北京隆重举

行。中铁大桥局集团有限公司凭借天堑变通途"四位一体"质量管理模式，作为本届唯一建设企业获得中国质量奖。

二〇一九年

3月26日 国务院办公厅印发《关于全面开展工程建设项目审批制度改革的实施意见》，针对房屋建筑和城市基础设施等工程，对工程建设项目审批全过程进行改革，计划到2020年年底，基本建成全国统一的工程建设项目审批和管理体系。

5月28日 经中共中央、国务院批准，第97家中央管理企业——中国安能建设集团有限公司在北京举行挂牌仪式。

6月28日 住房和城乡建设部为引导行业工人学习钻研技术，营造尊重劳动、崇尚技能及注重岗位成才、技能成才的社会氛围，对在2015—2018年有关行业协（学）会举办的行业职业技能竞赛中获奖的马超等377名优秀选手，授予"全国住房和城乡建设行业技术能手"荣誉称号。

9月25日 北京大兴国际机场投运仪式在北京举行。中共中央总书记、国家主席、中央军委主席习近平出席仪式，宣布机场正式投运。